DUMONT

Sie hat sich alles so schön vorgestellt. Und ringt um Fassung, wenn es dann nicht ganz so glücklich läuft. Die Erzählerin dieser Geschichten hat es nicht leicht. Mariana Leky zeigt mit Gespür für die Komik des Tragischen eine junge Frau im heiklen Übergang zum Erwachsensein. »Ich habe mal versucht, wegzugehen, einfach so und als ich gerade angefangen hatte. Ich habe alles Wichtige in einen Karton gepackt, mein Zimmer abgeschlossen und den Schlüssel auf den Türrahmen gelegt.« Doch immer kommt etwas dazwischen – eine neue Bekanntschaft, eine Horde Nacktschnecken oder einfach die Vermieterin auf der Treppe. Also macht sie weiter, »weil man nicht nur immer etwas anfangen kann, sondern auch mal etwas zu Ende machen muss und richtig.«

Mariana Leky studierte nach einer Buchhandelslehre Kulturjournalismus an der Universität Hildesheim. Nach ›Liebesperlen‹ veröffentlichte sie bei DuMont die Romane ›Erste Hilfe‹ (2004) und ›Die Herrenausstatterin‹ (2010) sowie ›Bis der Arzt kommt. Geschichten aus der Sprechstunde‹ (2013). 2017 erschien ihr Roman ›Was man von hier aus sehen kann‹, der wochenlang auf der Spiegel-Bestsellerliste stand. Sie lebt in Berlin und Köln.

Mariana Leky

LIEBESPERLEN

Erzählungen

DUMONT

Von Mariana Leky sind bei DuMont außerdem erschienen:

Erste Hilfe
Die Herrenausstatterin
Bis der Arzt kommt. Geschichten aus der Sprechstunde
Was man von hier aus sehen kann
Kummer aller Art

MIX
Papier | Fördert gute Waldnutzung
FSC® C083411
www.fsc.org

Das bei der Produktion dieses Buches entstandene CO_2 wurde durch die Finanzierung von Klimaschutzprojekten kompensiert: climate-id.com/17531-2110-1001/de

6. Auflage 2024
DuMont Buchverlag, Köln

Umschlaggestaltung: Zero, München
Umschlagabbildung: © Hiromoto Hirata/Corbis
Gesetzt aus der Dante
Druck und Verarbeitung: CPI books GmbH, Leck
Gedruckt auf säurefreiem und chlorfrei gebleichtem Papier
Printed in Germany
ISBN 978-3-8321-6117-0

www.dumont-buchverlag.de

Inhalt

Für Kerstin und Laurenz

Viel Tanz, wenig Lektionen
Plakat einer Pariser Tanzschule

Lebensversicherung

Lars hat jetzt eine andere, was heißt, daß nichts jemals wieder gut wird. Er habe nicht damit gerechnet, sagt er am Telefon; so schnell eine andere, nach achteinhalb Jahren mit mir. Er wolle es mir sagen, damit ich nicht erschrecke, wenn ich ihn treffe mit der anderen im Arm. Lars sagt: »Du sollst wissen, ich gehe jetzt woandershin.« Ich sage: »Ja«, und ich sage, daß ich jetzt ebenfalls gehen müsse, sofort, weil's gleich zumacht.

»Beeilung«, sagt die Kassiererin, »Feierabend.« Ich kaufe Tütenbrot und tiefgefrorenes Chop Suey. Vor der Tiefkühltruhe stehen zwei alte Damen, die eine hat ein gefrorenes Huhn im Arm. »Ich habe sie heute morgen besucht«, sagt die eine Dame, »jetzt geht es plötzlich ganz schnell«, und legt das Huhn in den Einkaufswagen. Die zweite sagt: »Es muß furchtbar sein, besonders für den Ehemann.« Ich gehe hinter den Damen her zur Kasse. Während die Damen zahlen, probe ich in der Schaufensterscheibe das Lächeln, das ich ihm schenken werde, wenn ich ihn treffe mit der anderen im Arm. Dann zahle ich. Dann wird zugemacht.

Ich reiße die Chop-Suey-Packung auf und schütte den Inhalt in eine Pfanne. Lars hat mir eine CD geschenkt, vor zwei Monaten, auf der einer singt, daß er zweitausend Stunden lang getrunken, geraucht und gebetet, flußauf- und flußabwärts nach einer gesucht habe und daß es jetzt aber endlich vorbei sei. Ich drücke auf die Repeat-Taste und klopfe mit dem Kochlöffel auf einen vereisten Klumpen aus Glasnudeln und Hühnerfleisch. Ich drücke auf die Repeat-Taste, und jetzt bin ich dran mit zweitausend Stunden lang trinken, rauchen, beten und suchen, flußauf- und -abwärts.

Lars hat jetzt eine andere, was heißt, daß nichts jemals wieder gut wird, sage ich meinem Freund am Telefon. Daraufhin fährt mich der Freund an einen See, auf dem Schwäne schwimmen mit ihren grauen Kindern. »Aber es ging doch nicht mehr mit euch«, sagt der Freund. »Es ging nicht mehr«, sage ich, »aber jetzt geht nicht nur das nicht mehr, sondern überhaupt nichts.«

Der Freund hat Wein mitgebracht und versucht, mit einem Messer den Korken in die Flasche zu drücken. Das ist anstrengend, der Korken sitzt fest, und das Gesicht des Freundes wird rot und bekümmert. Ich sage, daß ich nicht mehr schlafen kann. Wenn ich auf dem Bauch liege, drückt es vorne, und wenn ich auf dem Rücken liege, drückt es hinten. »Was drückt«, fragt der Freund. »Daß er immer dagewesen ist«, sage ich, »und jetzt ist er nicht mehr da.«

»Es war dir langweilig mit ihm, ihr hattet euch nichts mehr zu sagen, das hast du gesagt, und zwar mehrfach«, sagt der Freund. Ich sage, daß alles, was langweilig war, im

Grunde gar nicht langweilig war, und immer, wenn es nichts zu sagen gab, sei das im Grunde ein beredtes Schweigen gewesen. »Ein beredtes Schweigen«, sagt der Freund.

Der Korken rutscht in die Flasche, und der Wein schwappt über. Der Freund guckt auf seine Schuhe, die Schuhspitzen sind voller roter Tropfen. »Bitte schlaf bei mir«, sage ich, »ich neige zur Schlafwandelei.«

Wir kaufen mehr Wein und Pizza. Vor der Tiefkühltruhe stehen die beiden Damen, und die eine Dame sagt: »Es geht rapid zu Ende mit ihr.« Die, die das vereiste Huhn im Arm hatte, seufzt und guckt in die Tiefkühltruhe. Der Freund fragt, ob wir Hawaii nehmen sollen oder lieber Salami. Ich zucke die Schultern. Der Freund umarmt mich, das ist nicht leicht, denn er hat eine gefrorene Salamipizza in der einen und eine gefrorene Hawaiipizza in der anderen Hand.

Ich zeige dem Freund alles, was von Lars ist, wir gehen durch meine Wohnung wie durch einen Streichelzoo. Ich zeige auf den Toaster, das Bild von Edward Hopper, die englischen Romane, die ich zum Geburtstag bekommen habe, einen Sessel, ich weise insbesondere hin auf den achteinhalbjährigen Ficus und halte einzelne Socken hoch. »Was machen wir jetzt«, fragt der Freund. »Ich weiß nicht«, sage ich, »Fernsehen vielleicht«, und dann kommen mir die Tränen bei der Werbung für die Miracoli-Familie.

Der Freund hat gerade eine Verhaltenstherapie gemacht, wegen Prüfungsangst. Er sagt: »Wir schreiben eine

Liste.« Ich soll eine Liste machen mit all den Dingen, die untragbar waren. Mir fällt nichts Untragbares ein, und deshalb übernimmt der Freund die Liste. Er schreibt: »Untragbar war sein lächerlicher Zorn auf Fruchtfliegen über dem Biomüll. Untragbar war seine Mutter. Untragbar war seine Angewohnheit, sich die Füße zu waschen, bevor er mit dir ins Bett ging.«

»Das habe ich erzählt«, frage ich.

»Ja, und zwar mehrfach«, sagt der Freund. Er schreibt: »Untragbar war sein Nachname. Untragbar war seine Nörgelei über die grundsätzliche Schlechtigkeit der Welt.«

Das alles schreibt der Freund, und dann sieht er mich an und prüft, ob es schon wirkt. Ich denke, daß Lars' Mutter durchaus ihr Gutes hat und ein spröder Nachname ebenfalls. Ich denke, daß Fruchtfliegen eine Zumutung sind und die Welt und Fußgeruch auch. Das alles sage ich dem Freund nicht und mache ihm ein Klappbett.

Und dann wird es schlimm, es drückt hinten und vorne, und ich rufe Lars an, ein letztes Mal, und hoffe, daß er nicht da ist, und dann ist er nicht da.

Der Freund sagt, er bleibe erst mal. Er schläft auf dem Klappbett im Wohnzimmer, und ich schleiche um ihn herum.

Während er schläft, stelle ich mich auf die Zehenspitzen und hole aus dem Regal hinter dem Klappbett Gedichte, in denen von schreienden Herzen die Rede ist, von Herzen, die am Dorngestrüpp aufgehängt werden, und von Herzen in Händen. Weil nichts wieder gut wird und ich dagegen weder schlafen noch sonst etwas tun kann, setze ich mich vor das Klappbett und das Regal und lese mir die Titel der Bücher rückwärts vor, leise, damit der Freund nicht aufwacht.

Als es ganz schlimm ist, bringt mich der Freund zu seiner Psychiaterin. Ganz schlimm ist es, als ich in der elften Nacht zusammengerollt vor dem Klappbett finde, daß Lars das Leben mitgenommen hat und es rapid zu Ende gehen muß mit mir. Ich nehme einen Schuhkarton, gehe in die Küche, ziehe die Besteckschublade auf und schütte sämtliche Messer in den Karton. Davon wird der Freund wach. Er steht in der Tür und fragt, was ich da tue. Ich erkläre ihm, daß die Messer weg müssen, weil ich glaube, es müsse rapid zu Ende gehen mit mir und weil ich zur Schlafwandelei neige. Ich sage: »Ich habe auch Angst vor den Fensterbänken.«

Wir verkleben den Karton mit Paketband und stellen ihn unter das Klappbett. »Was macht man mit Schlafwandlern«, fragt der Freund. Lars hat mich an den Schultern gefaßt und »Ist schon alles gut« geflüstert, erkläre ich. »In Ordnung«, sagt der Freund.

Und jetzt schläft der Freund auch nicht mehr. Er sitzt im Klappbett und bewacht die Fensterbänke.

Die Psychiaterin verschreibt Tabletten, mit der Auflage, den Beipackzettel nicht zu lesen. »Eine halbe täglich«, sagt sie.

Im Auto lesen wir den Beipackzettel. Die Tabletten wirken gegen Depressionen und innere Erregungszustände.

Während der Freund die Rückspiegel einstellt, lese ich ihm die Nebenwirkungen vor. Schluckbeschwerden, Durchfall, Zittern, Störung der Sexualfunktionen, Nesselsucht, Haarausfall, vorübergehende Bewußtlosigkeit, Gähnen.

»Na denn«, sagt der Freund, schlägt mir auf den Schenkel und fährt los.

Zu Hause lege ich mich ins Bett, der Freund setzt sich mit einem Teller auf den Bettrand und holt ein Taschenmesser aus der Hosentasche. »Ich kann doch noch nicht mal Brot schneiden«, sagt er, »und jetzt dieser Fisselskram hier.« Er drückt die Messerspitze mit aller Kraft in die Mitte der Tablette. Sein Gesicht wird rot und bekümmert. Die Tablettenhälften fliegen durchs Zimmer und verschwinden, das passiert auch bei den nächsten Tabletten. Schließlich kriechen wir auf dem Boden herum und finden acht Tablettenhälften.

Der Freund bringt ein Glas Wasser, und ich schlucke eine halbe Tablette. Dann sitzen wir auf dem Bett, sehen uns an und warten auf mindestens Nesselsucht und Haarausfall.

»Wenn es schlimm wird, bin ich gefragt«, sagt mein Vater am Telefon. Ich erzähle ihm von Lars und der anderen, von nichts und jemals, vom mitgenommenen Leben, von Messern, Fensterbänken und halben Tabletten, die zwar keine vorübergehende Bewußtlosigkeit, kein Gähnen und keinen Haarausfall auslösen, aber auch sonst nichts weiter. Mein Vater unterbricht mich und sagt: »Geh in einen Horrorfilm.« In einen Horrorfilm solle ich gehen, weil so die vorherrschende Emotion kurzfristig durch eine andere ersetzt werde. »Gut«, sage ich und trage das dem Freund vor.

»Mein Vater redet nie so mit mir«, sagt der Freund und holt die Zeitung. *Blair Witch Project* läuft und ausnahmsweise *Das Schweigen der Lämmer*. Der Freund erzählt, daß sich das Publikum bei *Blair Witch Project* in die Hose gemacht und seine Mutter beim *Schweigen der Lämmer* gekotzt habe.

Nach dem Kino ist das Gesicht des Freundes rot und bekümmert, und er sagt, daß zumindest er lieber an gebrochenem Herzen sterben möchte als am Herzinfarkt und die Idee nicht wirklich gut war.

Nachts sitze ich im Bett und denke an Psychiater mit Maulkörben und gehäutete tote Frauen, an Lars und wie wir uns die Hand auf den Hinterkopf gelegt haben, wenn einer von uns sich nachts vor Referaten fürchtete oder dem, was bloß mal werden soll.

Die Idee mit dem Film war nicht wirklich gut. Gekotzt haben wir auch nicht. Ich stehe auf und gehe auf Zehenspitzen am Klappbett vorbei, »ist schon alles gut«, flüstert der Freund. Ich gehe zum Telefon, um Lars anzurufen, ein letztes Mal, und dabei zu hoffen, daß er nicht da ist, und dann ist er nicht da.

»Wenn er eine andere hat, dann nimm dir einen anderen«, sagt mein Vater am Telefon, »nur so zwecks Ablenkung und Selbstwert.« Ich trage das dem Freund vor, er sagt: »Aber nicht mich«, und wir gehen tanzen.

»Mich will keiner mehr«, sage ich und trinke Weißwein. Der Freund rührt mit dem Zeigefinger in seinem Bierschaum herum. Ich gehe auf die Tanzfläche, weil es eine Achtziger-Jahre-Party ist und *The Sun always shines on TV* mich an Flaschendrehen in der Unterstufe erinnert. Jemand tanzt um mich herum und fragt, ob ich was trinken möchte. »Gut«, sage ich.

An der Bar steht der Freund und sagt zu dem, der um mich herumgetanzt ist: »Guten Abend, ich bin nur der Bruder.« Der Freund baut an einem Bierdeckelhaus, der Tänzer ruft etwas in mein Ohr von Ausstrahlung und selten und essen gehen. Ich denke an meinen Vater und den Selbstwert und diktiere dem Tänzer meine Telefonnummer in sein Handy.

»Dann können wir ja jetzt nach Hause«, sage ich zu dem Freund und frage ihn, ob er wohl mitgehen würde zu dem Essen mit dem Tänzer. Der Freund fragt, ob er sich vielleicht mit einer Zeitung mit Loch an den Nebentisch setzen solle oder was. »Nein«, sagt er, er werde aber sicherlich zu Hause warten.

Drei Tage später ruft der Tänzer an und fragt, wie es denn mit jetzt wäre. Ich sage »Warum nicht« und dem Freund, daß die Idee mit der Zeitung und dem Loch doch im Grunde nicht schlecht sei. Der Freund sagt, ich spinne und überhaupt sei um sechs die Vorlesung vom Prüfungsprofessor und überhaupt sei es reichlich dumm, nicht mehr zur Uni zu gehen, nur um Lars nicht zu sehen mit der anderen im Arm. Dann greift er mir an den Ausschnitt und zieht ihn weiter runter. »So«, sagt er, der Tänzer sehe doch ganz nett aus, und jetzt los.

Der Tänzer redet viel und mit Metaphern. Der Tänzer sagt, er sei auf unser Treffen gespannt gewesen wie ein Flitzebogen, freue sich über meine Bekanntschaft wie ein Schneekönig, und zwischendurch muß er mal für kleine Königstiger. Der Tänzer redet so viel, daß mein Teller schon zweimal leer ist und seiner immer noch voll. Er spricht von Volkswirtschaft und sehr lange über Lebensversicherungen. Er sagt, das beste sei, bereits in unserem Alter eine Lebensversicherung zu haben. Das Thema, meint der Tänzer, möge mir langweilig erscheinen, sei aber ein wichtiges, früher oder später und besser früher. Ich denke an früher oder später und besser früher, nicke und gucke ab und zu auf meinen runtergezogenen Ausschnitt. Der Tänzer findet, ich kann gut zuhören. Ich nicke. Der Tänzer fragt, ob er mich nach Hause bringen soll. Ich nicke. Er sei allerdings zu Fuß unterwegs, sagt der Tänzer, ein Auto habe er nicht, denn ohne Auto bleibe man fit wie ein Turnschuh.

»Ich habe eine Überraschung für dich«, sagt der Freund, als ich nach Hause komme. Er überrascht mich mit einem neuen Bildschirmschoner. Über einen blauen Hintergrund läuft in grünen Buchstaben: *Alte Liebe rostet.* »Aha«, sage ich.

Der Freund fragt, wie es war. Ich erzähle von Schneekönig, Königstiger und Lebensversicherung. Der Freund meint, ich sei vernörgelt und das hänge zusammen mit der

Nebenwirkung auf die Sexualfunktion und also wirke die Tablette endlich.

Mein Vater ruft an und sagt, ich müsse einfach daran glauben, daß es vorbeigehe, ich müsse einfach, und vor allem dürfe ich Lars nicht anrufen, »sonst geht die Wunde nicht zu«, sagt mein Vater.

Ich lege mich ins Bett, und es drückt hinten und vorne. Ich stehe auf und lasse den Bildschirmschonerspruch an mir vorbeilaufen. Nichts rostet, nichts geht vorbei und schon gar nicht zu. Ich gehe zum Telefon, um Lars anzurufen, ein letztes Mal, und dabei zu hoffen, daß er nicht da ist. Und dann ist er da.

Ich beiße mir auf die Lippen, kneife mir in die Wangen und probe im Schaufenster das Lächeln, das ich nur ihm schenken werde. Dann gehe ich zum Fluß.

Lars steht am Geländer und sieht aus wie Lars in viel, viel schöner. Ich umarme ihn wie früher, und er umarmt mich, als sei ich neunzig. Wir setzen uns auf eine Bank. Er erzählt von seiner Magisterarbeit über Shelley im Vergleich mit einem anderen, die fast fertig ist, von seiner Mutter, die bestimmt auch ihr Gutes hat, und ich höre genau hin. Lars hat ein Muttermal auf dem rechten Augenlid, das ich früher gern geküßt habe, dann nicht mehr küssen wollte und jetzt nicht mehr küssen darf. »Und was ist mit dir«, fragt Lars. Ich erzähle von dem Tänzer und Lebensversicherung. »Ich habe nie monologisiert, oder«, fragt Lars. Ich denke an meine zweimal leer und seine immer noch voll gewesenen Teller. Ich sage: »Nein, nie«, weil es stimmt, im Grunde.

Ich rede von früher, als sei ich neunzig. Von der Erstsemestereinführungsveranstaltung, als er dastand und ich dastand und alles war klar, vom zehnten Semester, als wir fanden, wir müssen studieren, bis es dreistellig wird, weil wir uns so lieben, daß wir nicht studieren können vor lauter Liebe, und jetzt sind wir erst im siebzehnten Semester.

Ich frage, ob die andere denn sehr schön sei und sehr klug, und Lars fragt, was er jetzt sagen soll. Dann sagt er, daß ich gesagt habe, daß wir uns trennen, weil wir glücklicher sein würden ohne einander. Er sagt, daß ich gesagt habe, daß unsere Beziehung eine Puschenbeziehung geworden sei, und er sagt, daß ich gesagt habe, daß weder er noch ich das verdient hätten nach all der guten Zeit. All das habe ich bestimmt gesagt, aber womöglich im Schlafwandel. An Schlafwandelthesen erinnert man sich, als hätte man sie im Schwimmbad gesagt, unter Wasser.

Ich frage, ob es was Festes sei. Lars sagt: »Ich weiß nur, daß ich mich wahrscheinlich darauf einlassen möchte«, und nichts wird mehr gut. Ich streiche mit den Fingern über sein Handgelenk, er hält mir seine Hand hin, und ich streiche über seinen Handrücken. Lars sieht meine Hand auf seiner Hand an, als wäre es nicht meine Hand auf seiner, sondern ein seltsames Tier. Ich lege meinen Kopf auf seine Schulter und weine und sage, daß nichts wieder gut wird. Lars schluckt und blinzelt, wie er schluckte und blinzelte, als ich sagte, daß wir glücklicher sein würden ohne einander. Dann nimmt er meinen Kopf, den Kopf, auf den er die Hand gelegt hat, wenn ich mich nachts fürchtete vor dem, was bloß mal werden soll, und küßt mich knapp neben den Mund. Er küßt mich ziemlich lange knapp neben den Mund und sagt dann, er müsse jetzt gehen. Ich sage, ich müsse ebenfalls gehen, weil's gleich zumacht. »Chop Suey«, sagt Lars, und ich sage, »tiefgefroren.«

Lars bringt mich zum Bus. Der Bus steht schon da. Ich steige ein, dann wird zugemacht. Ich halte meine Hand von innen gegen die Bustürfensterscheibe, Lars hält seine Hand von außen gegen die Bustürfensterscheibe, und viel später sagt der Freund: »Schön, wie im Film.«

»Beeilung«, sagt die Kassiererin.

Ich lege zwei Packungen Chop Suey in den Einkaufskorb. Die Dame, die das gefrorene Huhn im Arm hatte, sagt: »Es war absehbar, mit vierundneunzig.« Die andere sagt: »Der arme Ehemann.« Ich sage: »Guten Tag.« Die Damen gucken mich an. »Tag, Kindchen«, sagt die eine, die andere nickt.

Der Freund fragt nicht, wie es war. »Der Tänzer hat angerufen«, sagt er, »ich habe gesagt, ich bin doch nicht nur der Bruder.«

»Danke«, sage ich. Der Freund nimmt die Chop-Suey-Packungen und schüttet den Inhalt in eine Pfanne.

Mein Vater ruft an. Ich erzähle ihm von Lars auf der Bank am Fluß. Der Freund steht mit dem Kochlöffel daneben und hört zu. Mein Vater sagt, daß das Gefühl des Defizitären irgendwann abgelöst werde durch ein Gefühl der Eigenständigkeit und daß ich das einfach glauben müsse, da gebe es nichts.

Ich trage das dem Freund vor, dann essen wir Chop

Suey. Dann geht der Freund und kommt mit chinesischen Glückskeksen zurück. Er knackt einen Glückskeks, auf seinem Zettel steht: »Glück wird Ihres Weges kommen«, und sein Gesicht wird rot. Auf meinem Zettel steht: »Man wird ein Getränk nach Ihnen benennen.« Das Gesicht des Freundes wird bekümmert. »Immerhin«, sage ich. Der Freund lächelt.

Ich lege die CD auf, auf der einer trinkt, raucht, betet und sucht. Zweitausend Stunden lang, flußaufwärts, flußabwärts und defizitär. Der Freund sagt, er bleibe noch ein paar Nächte, um Messer und Fensterbänke zu bewachen. Ich drücke auf die Repeat-Taste.

Der Freund und ich essen Glückskekse, und immer wieder wird ihm oder mir Glück des Weges kommen und nach ihm oder mir ein Getränk benannt werden. Ich gähne. »Hast du das gesehen«, sagt der Freund, »es wirkt. Paß auf, gleich wirst du vorübergehend bewußtlos.« Ich fasse mir in die Haare. Der Freund sagt: »Es ist noch alles dran.«

Mit Vergnügen

Bis jemand kam, stand ich auf der Brücke und hatte keine Ahnung. Es war windig, der Stadtplan klatschte mir immer ins Gesicht, ich hatte keine Ahnung, nicht mal, wie ich den Stadtplan wieder zusammenfalten sollte. Ich stellte meine Koffer ab, lehnte mich ans Brückengeländer und ließ den Stadtplan um mich herumflattern, bis jemand kam. Sein Anzug war alt, und er trug blitzblanke Lackschuhe.

»Entschuldigung, wo ist denn der Schloßberg«, fragte ich. Der Mann zog ein paarmal an seiner Zigarette, bis die Schrift vor dem Filter verglühte. »Da hoch, glaube ich«, sagte er und zeigte nach links, »Busse fahren da aber nicht.« Er guckte auf meine Koffer und sagte: »Der Schloßberg ist eine eher unglückliche Wahl.«

»Vielen Dank«, sagte ich. »Mit Vergnügen«, sagte er.

Der Schloßberg ist eine eher unglückliche Wahl, dahin führt nur eine Schnellstraße und eine bemooste, schwach beleuchtete Treppe. Vom Berg aus kann ich auf die Dächer sehen und auf den rhabarbersuppengrünen Fluß. Zeitweise ist der ganze Fluß voller Stocherkähne. Ich bin noch nie gestochert, weil ich nicht in diesen Fluß fallen will. Ich habe Angst, daß die dicke Farbe nicht mehr abgeht.

Eines Morgens setzte sich der Hauptdarsteller zu mir in das Bushäuschen unten am Schloßberg und lächelte. »Nicht wahr«, sagte er, »eine eher unglückliche Wahl.« Sein Atem roch nach Tabak. »Ja«, sagte ich. Der Hauptdarsteller schlug den Kragen seines alten Anzugs hoch. Ich umklammerte meine Fahrkarte.

Er fragte, ob ich hier mache, was alle machen. »Was machen alle«, fragte ich. »Germanistik«, sagte der Hauptdarsteller. »Ja«, sagte ich, und daß das eigentlich sehr traurig sei. »Stimmt«, sagte der Hauptdarsteller.

Wenn man sich dick fühlt, sagt meine Mutter, muß man sich zur Not neben jemanden stellen, der noch dicker ist als man selbst. Ich bin nicht dick und brauche daher keinen Dikkeren, neben den ich mich zur Not stellen kann, aber ich bin im fünfzehnten Semester, und der Hauptdarsteller erzählte beiläufig, daß er im einundzwanzigsten Semester sei. Eine Stunde später hatte ich drei Busse verpaßt, und der Fahrkartenstempel war auf meine Handfläche abgefärbt.

Seit diesem Tag reiße ich Karten ab und wasche Hemden. Ich pudere Statisten und rühre die braune Paste an für das Gesicht des Hauptdarstellers. Der Weg zum Theater, vom Schloßberg hinunter, dauert so lange wie der zweite Monolog des Hauptdarstellers im ersten Akt, bergauf brauche ich die ganze erste Liebesszene. Wenn es im Spätsommer anfängt zu regnen und der Weg voller Nacktschnecken und nacktschneckenartiger Blätter ist, brauche ich zusätzlich den Mord am Schluß. Der Weg zieht sich hin mit den Nacktschnecken, und so ein Mord aus Liebe auch.

Jeden Abend kommen die Schauspieler nacheinander in den Schminkraum, denn es ist eng. Ich gebe den Statisten ihre frisch gewaschenen Hemden. Während ich die Statisten pudere, erzählen sie mir Liebesgeschichten und gukken dabei in den Spiegel. Sie erzählen lange, denn Statisten brauchen viel Pflege, und beim Erzählen werden ihre Lippen größer und wölben sich wie Nacktschnecken, wenn man sie ins Wasser geworfen hat.

Der Hauptdarsteller redet nicht vor der Vorstellung. Ich mische Theaterschminke in einer Salatschüssel, bis die Schminke eine braune Paste ist, dann verteile ich die Paste auf dem Gesicht des Hauptdarstellers und auf seinem Nakken, dem Hals, auf den Ohren und auf den Händen. Es dauert lange, bis der Hauptdarsteller gleichmäßig braun ist, denn vor der Vorstellung zucken seine Lider und seine Hände zittern. Der Hauptdarsteller raucht, sobald ich mit seinem Gesicht fertig bin, er hält die Zigarette in der linken oder der rechten Hand, je nachdem, welche Hand ich gerade schminke. Kurz bevor der Hauptdarsteller auf die Bühne geht, ziehe ich die Farbe auf seinen Lippen nach.

Im Schminkraum gibt es einen Rauchmelder. Vor der Premiere, als der Hauptdarsteller den Schminktisch umstieß, sein Hemd immer wieder schief knöpfte und unbedingt rauchen mußte, habe ich den Rauchmelder mit einer Dose Haarwachs zerschlagen. Ich hatte noch nie zuvor irgend etwas zerschlagen. Alle haben sich in den Schminkraum gedrängt und mich angestarrt. Der Hauptdarsteller hat seine Zigaretten aus der Jacke geholt.

Nach der Vorstellung trinken wir Sekt im Foyer, der Hauptdarsteller ist umgeben von Statisten und Zuschauern mit Rosen oder Tulpen in der Hand. Die Zuschauer und Statisten seufzen, klopfen ihm auf die Schultern und schütteln die Köpfe. Die Zuschauer erzählen mir vom Hauptdarsteller, die Statisten erzählen mir Liebesgeschichten, und beim Erzählen werden ihre Lippen größer und wölben sich. Ich gehe in den Schminkraum, sammle die Hemden ein und stecke sie in einen Beutel. Nach jeder Vorstellung wasche ich die Hemden in meinem Badezimmer und hänge sie über der Wanne auf, die Tapete ist feucht geworden und wellt sich von den vielen nassen Hemden.

Später kommt der Hauptdarsteller in den Schminkraum mit Rosen und Tulpen im Arm. Ich wische ihm mit einem Spülschwamm die Farbe aus dem Gesicht, vom Nacken, Hals, von den Ohren und von den Händen. Es dauert lange, bis die Farbe abgewaschen ist, denn der Hauptdarsteller wirft seine Hände in die Luft und erzählt von allen Dramen der Weltliteratur. Wenn alles abgewaschen ist, teilen wir eine Zigarette. Dann gehe ich mit dem Kleiderbeutel die Schloßbergtreppe hoch. Solange es nicht Spätsommer ist und regnet, brauche ich genau die erste Liebesszene.

Dann kommt der Spätsommer und der Regen. An den ersten Abenden im Spätsommer geht es, aber nur langsam. Ich gehe die Schloßbergtreppe auf Zehenspitzen hinunter, hindurch zwischen Nacktschnecken und nacktschneckenartigen Blättern, und brauche zusätzlich den ganzen Mord am Schluß.

Dann geht es nicht mehr. Ich stehe an der Schloßbergtreppe, in Gummistiefeln, mit dem Kleiderbeutel voll frisch gewaschener Hemden. Ich raffe meinen Rock über die Gummistiefel und gehe auf Zehenspitzen zwei Stufen hinunter. Blätter sind besonders nacktschneckenartig, wenn sie naß und gewellt sind. Genaugenommen sind es mehr nacktschneckenartige Blätter als tatsächliche Nacktschnekken, trotzdem komme ich nach drei Stufen nicht weiter. Ich drehe mich vorsichtig um und gehe auf Zehenspitzen zurück in die Wohnung.

Ich nehme das Telefon, setze mich auf den Boden und stelle das Telefon vor mich hin. Weil es nicht mehr geht, rufe ich den Hauptdarsteller an. »Wo bleibst du denn«, fragt er. »Wir stehen hier halbnackt, und ich bin grün im Gesicht.«

»Ich komme nicht mehr runter«, sage ich.

Eine Viertelstunde später steht der Hauptdarsteller vor der Tür und ist grün im Gesicht. »Ich habe mich selbst dran versucht«, sagt er. Sein Gesicht ist wellig und sieht aus wie eine Moorlandschaft. Die Theateruniformjacke ist schief geknöpft, und darunter fehlt das Hemd.

Der Hauptdarsteller nimmt den Kleiderbeutel und zieht mich an der Hand hinter sich her zur Schloßbergtreppe. Ich bleibe stehen, »ich kann nicht«, sage ich.

»Was?« fragt der Hauptdarsteller und guckt die Treppe hinunter.

»Ich kann nicht«, sage ich, »ich kann nicht, wegen der Nacktschnecken.« Der Hauptdarsteller sagt: »Wir müssen jetzt da runter.«

»Ich weiß«, sage ich und bleibe stehen.

Der Hauptdarsteller guckt mich an wie ein Kurzsichtiger, der versucht, einen Faden durch ein Nadelöhr zu kriegen. Ich gucke den Hauptdarsteller an wie alle Dramen der Weltliteratur. Dann dreht mir der Hauptdarsteller den Rükken zu und geht in die Knie. »Darf ich bitten«, sagt er und seufzt.

»Was?« frage ich.

»Hopp«, sagt der Hauptdarsteller.

Ich knote meinen Rock zusammen und klettere auf seinen Rücken. Der Hauptdarsteller nimmt den Kleiderbeutel, sagt »Achtung!« und wirft ihn mir über die Schulter. Mit der einen Hand halte ich den Kleiderbeutel fest, den anderen Arm schlinge ich um den Hals des Hauptdarstellers, so fest, daß sich meine Nase in die kratzige Goldborte am Uniformkragen preßt. Der Uniformkragen riecht nach Puder und Schweiß. Der Hauptdarsteller schwankt. Meine Beine in den Gummistiefeln baumeln neben seinen Hüften. Er geht los, und es geht ziemlich langsam.

Wir sind still bis zur Mitte der Treppe. Der Hauptdarsteller hat seine blitzblanken Lackschuhe an und scheint sich nicht zu scheren um nacktschneckenartige Blätter oder tatsächliche Nacktschnecken.

»Was ist schrecklich an Nacktschnecken«, fragt der Hauptdarsteller nach einer Weile. Das Schreckliche an Nacktschnecken ist, daß sie sich nicht abschütteln lassen, daß sie an einem kleben bleiben, da kann man schütteln, wie man will, sie bleiben einfach kleben und fallen nicht ab.

Ich weiß seit meiner Einschulung, daß Nacktschnecken einfach kleben bleiben. Meine Mutter hatte im Garten ein Salatbeet angelegt, der Salat mißlang meiner Mutter, er wuchs in die Höhe und nicht in die Breite. Meine Mutter pflegte die Salatbäumchen wie Zierpflanzen und ging im Spätsommer, wenn alles voll brauner und orangefarbener Nacktschnecken war, täglich mit einer Kohlenzange um ihr Beet herum. Wegen der Einschulung trug ich eine orangerote Erstkläßlermütze, ich trug sie jeden Tag und später auch nachts. Ich ging mit meiner Mütze und einem Eimer voll heißem Wasser hinter meiner Mutter her um das Beet herum. Meine Mutter nahm mit der Kohlenzange Nacktschnecken auf und ließ sie in den Eimer fallen. Ich sah zu, wie sie im Wasser größer wurden, sich wölbten und Schleim aus den perlmutterfarbenen Unterseiten der Nacktschnekken herausfloß.

Eines Morgens im Spätsommer klebte auf der Treppe vor unserem Haus eine orangefarbene Nacktschnecke, die so groß und breit war wie ein Tennisball, und mir wurde schwindlig. Mir wurde so schwindlig, daß ich mich gegen das Geländer lehnen mußte, und dann ging ich rückwärts zurück in unser Haus. Ich kam an der Nacktschnecke nicht vorbei, ich wußte, die Nacktschnecke war der Schneckengott und herabgefahren.

In den nächsten Monaten tastete ich jeden Abend den Rahmen und die Füße meines Bettes ab, weil der herabgefahrene Schneckengott womöglich Nacktschnecken in mein

Bett gesandt hatte, damit sie nachts auf mein Gesicht kröchen. Am nächsten Morgen bekäme ich dann die Augen nicht mehr auf, wegen der Nacktschnecken, die auf meinen Lidern klebten.

Nachdem mein Vater jeden Abend einige Zeit im Türrahmen gestanden hatte, während ich das Bett und das Drumherum abtastete, hockte er sich vor mein Bett, stützte die Ellenbogen auf die Matratze, den Kopf in die Hände und sah mich an. Ich saß im Bett und hatte mein Schlafanzugoberteil über die angewinkelten Beine gezogen. »Du siehst aus wie ein trauriges Paket«, sagte mein Vater. Ich nickte. Mein Vater behauptete, daß Nacktschnekken keinesfalls die Stufen vor dem Haus erklimmen, geschweige denn den Parkettboden im Flur durchkriechen könnten, und selbst wenn ihnen das gelänge, müßten sie spätestens auf den Teppichfliesen im Kinderzimmer vertrocknen. Das stimmte vielleicht, tat aber nichts zur Sache. Ich räumte trotzdem mein Zimmer um und stellte das Bett an die Wand, die am weitesten von der Tür entfernt war, so daß die Nacktschnecken Gelegenheit haben würden, auf dem Weg in mein Bett zu vertrocknen. Aber auch das tat nichts zur Sache. Ich tastete über den Rahmen und die Füße des Bettes, ich kroch vor dem Schlafengehen durch mein Zimmer und zog mir nachts die Erstkläßlermütze ins Gesicht, damit die Nacktschnecken nicht auf meinen blanken Lidern kleben konnten. »Die Nacktschnecken vertrocknen, und du erstickst unter deiner Mütze«, sagte mein Vater, doch auch das tat nichts zur Sache. Im nächsten Spätsommer trug mein Vater das heiße Wasser hinter meiner

Mutter her, wenn sie mit einer Kohlenzange um das Salatbäumchenbeet herumging.

Der Hauptdarsteller torkelt gegen das Geländer. »Baumel nicht so mit den Beinen«, sagt er, »wir verlieren das Gleichgewicht.«

Ich kreuze die Gummistiefel vor dem Bauch des Hauptdarstellers, und wir gehen weiter. »Also«, fragt der Hauptdarsteller, »was ist so schrecklich an Nacktschnecken.«

»Sie fallen nicht ab«, sage ich, »da kann man schütteln, wie man will.«

Der Hauptdarsteller faßt mich unter den Hintern und schiebt mich weiter hoch. »Es klebt doch nie eine Nacktschnecke an dir«, sagt er, »ich habe dich noch nie mit einer Nacktschnecke dran gesehen.« Ich halte dem Hauptdarsteller von hinten die Hand auf den Mund, »allein die Vorstellung«, sage ich.

Am Fuß des Schloßbergs setzt mich der Hauptdarsteller ab, nimmt den Kleiderbeutel in die eine und mich an die andere Hand. Ich bleibe stehen. »Na los«, sagt der Hauptdarsteller. Ich bleibe stehen. »Was denn jetzt«, sagt der Hauptdarsteller, »hier ist doch alles beleuchtet und asphaltiert.« Ich sage: »Entschuldigung, aber machen wir das jetzt immer so.«

»Gott im Himmel«, sagt der Hauptdarsteller.

Wir machen das dann immer so, auf dem Hinweg und auf dem Rückweg. Wir erzählen niemandem davon, obwohl die Statisten gern wüßten, warum wir zusammen den Schloßberg rauf- und runtergehen. »Keine Ahnung, was das soll«, sagt der Hauptdarsteller und schwankt. Ich kreuze die Gummistiefel vor seinem Bauch.

Am letzten Abend erzählen die Statisten keine Liebesgeschichten mehr. Ich pudere ihre Gesichter, und sie gukken am Spiegel vorbei. Am letzten Abend dauert es besonders lange, bis ich dem Hauptdarsteller das Gesicht, den Hals, den Nacken, die Ohren und die Hände geschminkt habe. Die Zuschauer und die Statisten haben ihre Lippen vergrößert und gewölbt, sie haben besonders viele Blumen gebracht, und der Hauptdarsteller hat besonders viel Sekt getrunken. Ich gehe in den Schminkraum und sammle die Kleider ein. Als der Hauptdarsteller in den Schminkraum kommt, hat er Rosen und Tulpen und eine halbe Flasche Sekt dabei. Ich trinke den Sekt aus, und es dauert besonders lange, bis ich den Hauptdarsteller abgeschminkt habe. Der Hauptdarsteller steht auf und torkelt gegen den Schminktisch. Ich fasse ihn um die Hüfte, er legt seinen Arm um meine Schultern. Weil ich den Sekt ausgetrunken habe, hat der Hauptdarsteller braune Streifen unter den Augen und im Nacken.

Dann gehen wir zur Schloßbergtreppe, der Arm des Hauptdarstellers auf meiner Schulter ist schwer, und wir schwanken. Am Fuß der Treppe nimmt der Hauptdarsteller seinen Arm von meiner Schulter, stützt sich auf das Geländer und dreht mir den Rücken zu. »Darf ich bitten«, sagt er. »Bist du sicher«, frage ich, denn der Hauptdarsteller sieht nicht stabil aus. »Hopp«, sagt er. Ich klettere auf seinen Rücken, wir gehen die Treppe hoch, und es geht langsam. Der Hauptdarsteller erzählt laut von allen Dramen der Weltliteratur, und auf halber Treppe torkeln wir gegen das Geländer. »Wir verlieren das Gleichgewicht«, sage ich.

Hochzeitstage

Besser, ich gehe nicht zur Hochzeit. Seit ich den Bräutigam kenne, habe ich ihn geliebt und belogen, daher ist es besser, wenn ich nicht gehe.

Ich treffe den Bräutigam alle zwei Monate, er holt mich vom Bahnhof ab, wir gehen essen und tanzen. In seiner Stadt kennt ihn kaum jemand mehr, er sitzt Tag und Nacht an seiner Arbeit und geht nie aus. Wenn ich in seine Stadt komme, überrede ich den Bräutigam, essen und tanzen zu gehen, das ist nicht schwer. Die Bedienung im Restaurant hat rote Locken und ein Kleid aus Samt, sie strahlt den Bräutigam an und vergißt, was ich bestellt habe. Ich sitze mit dem Gesicht zur Wand, der Bräutigam mit dem Gesicht zur Tür. Er sieht, wer hereinkommt und wer geht, ich sehe nur die weiße Wand mit dem Gesicht des Bräutigams davor und versuche, mir alles zu merken. Wir reden über Liebe im allgemeinen. Wenn der Bräutigam von Liebe redet, werden seine Augen dunkel, er lacht und greift nach meinen Händen, wenn er etwas sagt, das ich nicht verstehe. Wenn wir genug gegessen und geredet haben, geht die

Rechnung aufs Haus, das heißt, sie geht auf die Kellnerin. Die Kellnerin winkt uns hinterher, und der Bräutigam und ich gehen tanzen. Die Leute an der Theke gucken dem Bräutigam beim Tanzen zu, »ist das deiner«, fragen die Leute, wenn ich an die Bar komme und Pernod nachbestelle. »Ist der echt«, fragen sie, und ich sage: »Ja.«

Nach dem Tanzen bringt der Bräutigam mich mit dem Fahrrad zu einer Freundin, ich sitze auf dem Gepäckträger. Wir fahren an der Tankstelle vorbei und kaufen belegte Brote für den Bräutigam und Luftschokolade für mich. Wenn wir am Haus der Freundin angekommen sind, umarmt mich der Bräutigam, hebt mich hoch und dreht mich durch die Luft. Dann stellt er mich wieder hin und küßt meine Handfläche. »Danke für alles«, sagt er und fährt davon. Die Freundin hat den Schlüssel unter irgendeine Blume gelegt. Ich schließe auf, steige zu ihr ins Bett, die Freundin schläft schon, und ich sitze dort bis zum nächsten Morgen. Am nächsten Morgen fahre ich sieben Stunden lang zurück in meine Stadt.

Zehn Tage vor der Hochzeit schrieb der Bräutigam: »Findest du nicht, langsam brauche ich einen Anzug.« Ich rief meinen Bruder an und fragte, was es bedeute, daß der Bräutigam mit mir einen Anzug aussuchen wolle und mit niemandem sonst, und ob ich wohl fahren sollte, um einen Anzug auszusuchen. »Nichts bedeutet das«, sagte mein Bruder. »Wenn du willst«, sagte er und seufzte, »dann fahr und such einen Anzug aus. Aber es bedeutet nichts.«

»Ich will«, sagte ich.

Es war zwanzig nach sechs, und wir waren beim achten Anzug. Der Bräutigam drehte und wendete sich, und die Verkäuferin und ich sahen ihm zu. Abwechselnd zupften wir am Revers und am Hosenbund, der Bräutigam lachte und schüttelte unsere Hände ab. Um halb sieben sagte die Verkäuferin, daß sie eigentlich jetzt schließe, »aber gut, weil Sie es sind«, sagte die Verkäuferin, obwohl sie keine Ahnung hatte, wer der Bräutigam war. Er drehte und wendete sich im achten Anzug bis Viertel vor sieben, flatterte mit den Anzugschößen und hüpfte vor dem Spiegel auf und ab. Die Verkäuferin sagte, in diesem Anzug sehe der Bräutigam aus wie ein junger Gott, sie hatte das auch bei den Anzügen davor bereits gesagt, aber weder der Bräutigam noch ich waren uns sicher gewesen.

Beim neunten Anzug gab es nirgendwo etwas zu zupfen. Der Bräutigam guckte mich an. Ich sagte: »Der und kein anderer.«

»Kein anderer«, sagte der Bräutigam. Die Verkäuferin musterte den Bräutigam von oben bis unten und legte ihre Hand auf meinen Unterarm. Wir gingen mit ihr zur Kasse, und der Bräutigam zahlte. Die Verkäuferin packte den Anzug in eine enorme Tüte, drückte sie dem Bräutigam in die Hand und sagte: »Alles Gute.«

»Ich habe Hunger«, sagte ich, nachdem wir den Anzug gekauft hatten, und nahm dem Bräutigam die enorme Tüte aus der Hand. »Die kann ich doch nehmen«, sagte er. »Nein«, sagte ich, »die nehme lieber ich«, und zog den Bräutigam hinter mir her zum arabischen Imbiß, den es schon gab, als ich noch in seiner Stadt wohnte. Wir bestellten Baklawa für mich und Falafel für den Bräutigam, denn der Bräutigam ißt nichts Süßes. »Zum Mitnehmen«, sagte der Bräutigam, dann gingen wir zum See und um den See herum. Wir aßen Falafel und Baklawa, die Aluminiumfolie glitzerte unter den Laternen. Ich schwang mit der freien Hand die enorme Tüte hin und her, wir sprachen über Liebe im allgemeinen. Dann fuhr mich der Bräutigam mit dem Fahrrad zur Freundin und küßte vor ihrer Haustür meine Handfläche. »Danke für alles«, sagte er. Ich schloß auf, legte mich zu der Freundin ins Bett und dachte an die Hochzeit.

»Laß das mit der Hochzeit«, sagt mein Bruder, als er mich vom Bahnhof abholt. »Wir haben zusammen einen Anzug gekauft«, sage ich. »Ich weiß«, sagt mein Bruder, »trotzdem.«

Zu Hause überlege ich, was ich zur Hochzeit tragen könnte, ich öffne den Schrank und schiebe die Kleiderbügel hin und her. Mein Bruder sitzt auf dem Bett und sieht zu. »Besser, du gehst nicht zur Hochzeit«, sagt er.

Mein Bruder kennt den Bräutigam gut, obwohl er ihn noch nie gesehen hat, niemand in meiner Stadt hat den Bräutigam jemals gesehen. Mein Bruder fragt, ob ich überhaupt wisse, was es bedeute, zur Hochzeit zu gehen. Ich höre auf, die Kleider hin und her zu schieben, setze mich aufs Bett und frage ihn, was ich statt dessen tun solle.

Nachdem mein Bruder und ich überlegt haben, was ich statt dessen tun sollte, uns nichts eingefallen ist, wir aber übereingekommen sind, daß es besser sei, nicht zur Hochzeit zu gehen, und ich mich an den Tisch setze, um einen vieldeutigen Brief an den Bräutigam zu schreiben, ruft der Bräutigam an.

»Hast du schon geschlafen«, fragt er. »Nein«, sage ich. Der Bräutigam schweigt. Dann sagt er: »Es gibt keine Hochzeit.«

»Ich rufe dich morgen wieder an«, sage ich. »Du kannst doch jetzt nicht einfach auflegen«, sagt er, »verstehst du, es gibt keine Hochzeit.« Ich sage: »Ich rufe dich ganz bestimmt morgen wieder an«, und lege auf.

Ich hole sämtliche Kleider aus dem Schrank und packe sie in einen Koffer, setze mich darauf und überlege, ob das, was der Bräutigam gesagt hat, in sieben Stunden noch stimmt, denn in sieben Stunden kann sich viel ereignen in einem Bräutigam und um einen Bräutigam herum. Ich packe den Koffer wieder aus, rufe meinen Bruder an und sage: »Es gibt keine Hochzeit. Vermutlich.«

»Nein«, sagt mein Bruder.

»Doch«, sage ich, »was bedeutet das.«

»Keine Hochzeit ist keine Hochzeit«, sagt mein Bruder.

»Vermutlich«, sage ich.

Der Bräutigam ist immer Bräutigam gewesen, seit ich ihn kenne, liebe und belüge, und es kann nicht sein, daß es keine Hochzeit gibt. Er war bereits Bräutigam, als er vor sechs Jahren fragte: »Bist du nicht auch in der Vorlesung über zeitgenössische spanische Lyrik« und ich »Ja« sagte, obwohl ich noch nie in der Vorlesung gewesen war. Von da an ging ich in die Vorlesung über zeitgenössische spanische Lyrik und guckte zwei Reihen hinter dem Bräutigam eindreiviertel Stunden lang in seinen Nacken. In der Pause tranken wir Kaffee am Automaten und redeten über zeitgenössische spanische Lyrik, von wo aus es nicht weit war zur Liebe im allgemeinen. Die Liebe im besonderen erwähnte der Bräutigam nebenher, eine Juristin in einer anderen Stadt, die niemand je gesehen hatte. Er sagte: »Ich werde sie bestimmt heiraten.« Er fragte, ob mir übrigens aufgefallen sei, daß der, der in der Vorlesung neben ihm saß, mich unübersehbar liebe.

Nachdem der Bräutigam und ich nicht nur am Automaten Kaffee tranken, sondern nächtelang und dabei über zeitgenössische spanische Lyrik redeten und das, was sie nahelegt, sagte er: »Wenn es dich nicht gäbe«, und dann schwieg er. Er sagte nicht, was wäre, wenn es mich nicht gäbe, aber ich wußte, was wäre, wenn es den Bräutigam nicht gäbe.

An meinem zwanzigsten Geburtstag gingen wir in den arabischen Imbiß, bestellten Hawla mit Honig für mich und Couscous für den Bräutigam. Der Bräutigam redete viel, nebenher auch von der Juristin, und griff nach meinen Händen.

Was wäre, wenn es den Bräutigam nicht gäbe, war immer weniger geworden, je öfter wir uns weit weg von der Vorlesung und dem Kaffeeautomaten getroffen hatten, und als wir aus der Imbißbude herauskamen, hob der Bräutigam mich hoch, drehte mich durch die Luft und stellte mich wieder hin. Er legte seine Hände auf meine Schultern, hielt mich von sich weg und guckte mich an. Ich guckte zur Seite.

»Komm mal her«, sagte er und umarmte mich. Er umarmte mich sehr fest.

»Du bist verliebt in mich«, sagte der Bräutigam über meinem Kopf. »Nein«, sagte ich und machte die Augen zu, denn sein oberster Jackenknopf war genau zwischen meinem Auge und meiner Nase. »Doch«, sagte der Bräutigam. Weil sein oberster Knopf auf mein Lid drückte, bildeten sich hinter meinem Lid blaue Kreise, die ineinanderflossen, wie Blasen in einer Lavalampe. »Nein«, sagte ich.

»Doch«, flüsterte er knapp über meinem Ohr in meine Haare hinein. Er umarmte mich lange, küßte mich dann auf den Kopf, ließ mich los und lächelte.

»Nein«, sagte ich, und daß es schon erstaunlich spät sei. Ich dachte an die Liebe des Bräutigams im besonderen, daß es ihretwegen den Bräutigam zwangsläufig nicht mehr geben würde und statt dessen allerhöchstens nicht mehr viel, und ich dachte, besser, ich gehe schon mal los, dahin, wo es den Bräutigam nicht mehr gibt, ehe er mich irgendwann da abstellt, wo es mich nicht mehr gibt, sondern nur noch die Liebe im besonderen.

Der Bräutigam und ich trafen uns noch manchmal und zufällig, tranken Kaffee und Rotwein, und er erzählte nebenher von der Juristin, davon, was sie sei und könne und daß sie irgendwann bestimmt heiraten würden. Er fragte, ob ich glücklich sei mit meinem Freund, der mich unübersehbar liebte. Mir fiel nicht viel ein von dem, was mein Freund war und konnte, und ich sagte: »Mein Freund kann sich gut Zahlen merken.« Immer, wenn ich den Bräutigam getroffen hatte, schlief ich hinterher schlecht, weil Kaffee und Rotwein aufeinander eine riskante Mischung ist und ich gesagt hatte, daß mein Freund sich gut Zahlen merken könne.

Ich zog in meine Stadt, und daher war der Bräutigam weg. Er war vier Jahre lang weg, bis ich ihn anrief, nach vier Jahren, und sagte, ich riefe nur so an und müsse wegen einer Sache in seine Stadt.

Ich ging seine Straße hinunter, und der Bräutigam saß auf den Stufen vor dem Haus. Als er mich sah, lief er mir entgegen, er lief auf Strümpfen übers Kopfsteinpflaster, hob mich hoch, drehte mich durch die Luft und stellte mich wieder hin. Ich hatte eine angefangene Tafel Luftschokolade in der Hand, und der Bräutigam hatte Schokolade am Kragen, nachdem er mich hingestellt hatte. »Da bist du wieder«, sagte der Bräutigam. »Du hast keine Schuhe an«, sagte ich. Er sagte: »Wir können noch nicht los«, und zeigte auf den Schuster nebenan. Ich sagte: »Zieh halt andere an«, und er sagte: »Ich hab nur das eine Paar.« Wir setzten uns auf die Stufen vor seinem Haus und redeten über Liebe im allgemeinen, bis die Schuhe fertig waren.

Seither bin ich alle zwei Monate in die Stadt des Bräutigams gefahren und habe ihm vieldeutige Briefe geschrieben. Manchmal schreibt er vieldeutig zurück, die Briefe des

Bräutigams kommen immer dann, wenn ich ausdrücklich nicht damit rechne. Wenn ich vor dem Briefkasten stehe und mir die Ecken der Briefumschläge anschaue, die man durch das kleine Plexiglasfenster sieht, in das eigentlich der Name gehört, und überlege, ob eine der sichtbaren Briefecken zu einem Brief des Bräutigams gehören könnte, ist kein Brief des Bräutigams dabei. Manchmal kommt meine Nachbarin aus ihrer Tür, wenn ich vor dem Briefkasten stehe und durch das Plexiglasfenster gucke. Sie sagt: »So ein Briefkasten ist kein Aquarium«, schubst mich zur Seite und greift resolut in ihren Briefkasten. Ein Brief des Bräutigams ist auch nicht dabei, wenn ich nach dem Leeren des Briefkastens sein Inneres betaste, um zu überprüfen, ob ein Brief des Bräutigams womöglich hängengeblieben ist. Es ist kein Brief des Bräutigams dabei, wenn ich die Werbesendungen durchblättere, um zu überprüfen, ob ein Brief dazwischengeraten ist, oder wenn ich die Umgebung des Briefkastens absuche, um zu sehen, ob der Brief womöglich danebengefallen ist. Es ist keiner dabei, wenn ich bei der Nachbarin klingele, um zu fragen, ob versehentlich ein Brief des Bräutigams in ihren Briefkasten geraten ist. »Nein«, sagt die Nachbarin dann, »haben Sie eigentlich sonst nichts zu tun«, und ich sage: »Nein, ich habe sonst nichts zu tun.«

Die Ecken der durch das Plexiglasfenster beobachteten Briefe gehören nie zu einem Brief des Bräutigams. Seine Briefe bleiben auch nirgendwo hängen und geraten nicht anderswohin. Die Briefe des Bräutigams liegen im Briefkasten, wenn ich nicht damit rechne.

Wenn ein Brief des Bräutigams dabei ist, trage ich ihn in meine Wohnung, lege ihn aufs Sofa und überlege, ob das, was im Brief stehen könnte, heute noch stimmen kann, denn ein Brief ist einen Tag unterwegs. Ich lese den Brief zweimal, dann rufe ich meinen Bruder an.

»Ist grad Post gekommen«, sage ich.

»Lies vor«, sagt mein Bruder.

Wenn ich vorgelesen habe, besprechen wir, was welcher Satz bedeuten könnte und warum. Wegen der Vieldeutigkeit der Briefe des Bräutigams ist es nicht einfach, sich auf irgend etwas zu einigen, weil immer alles einerseits eines und aber auch etwas anderes oder überhaupt nichts bedeuten kann. Mein Bruder ist meistens der Ansicht, daß es überhaupt nichts bedeute, zur Vorsicht und der Einfachheit halber. Ich bin der Ansicht, daß es keinen einzigen Satz des Bräutigams geben könnte, der überhaupt nichts bedeutet. Wir versuchen beide, uns in den Kopf des Bräutigams hineinzuversetzen, aber weder mein Bruder noch ich haben uns jemals in den Kopf eines Bräutigams hineinversetzt.

Der Bräutigam ist immer Bräutigam gewesen, während ich ihn geliebt und belogen habe, und es kann nicht sein, daß es keine Hochzeit gibt und keine Liebe im besonderen.

»Es tut mir leid«, sage ich dem Bräutigam am Telefon. »Schön, daß du anrufst«, sagt er. Ich frage, wie es sein kann, daß er nach sechs Jahren kein Bräutigam mehr ist. Er sagt: »Sie ist weg«, und dann nichts mehr dazu. Wir reden drei Stunden lang über Liebe im allgemeinen. Wegen der Telefonrechnung legen wir zwischendurch auf, und während ich warte, daß er zurückruft, überlege ich, wie es sein kann, daß es keine Hochzeit gibt. Als er zurückruft, frage ich zum zweiten Mal, wie das sein kann, aber der Bräutigam sagt: »Erzähl mir was.« Ich erfinde Geschichten für den Bräutigam, weil es ohne ihn eigentlich nicht viel zu erzählen gibt. »Wenn es dich nicht gäbe«, sagt der Bräutigam, bevor wir auflegen.

»Besser, du fährst nicht hin«, sagt mein Bruder. Ich sage: »Aber er kommt nicht zu mir, weil er noch nie zu mir gekommen ist.« Mein Bruder sagt: »Jetzt ist ja alles anders.«

Weil vermutlich alles anders ist, ruft der Bräutigam an und sagt: »Kann ich dich besuchen«, und fünf Minuten später steht mein Bruder in der Tür. »Herzlichen Glückwunsch«, sagt er, und daß es einiges bedeute, wenn der Bräutigam mich besuchen komme. »Wir haben noch sieben Stunden«, sage ich.

Mein Bruder und ich putzen die Wohnung, wir putzen hinter den Regalen und unter dem Kühlschrank, schrubben die Badewanne und legen Watte mit Apfelessig um die Armaturen. Ich sage, ich brauchte dringend einen Schlafsack für den Bräutigam. Mein Bruder fährt nach Hause und kommt wieder mit einem Schlafsack und einem Fotoapparat. »Mach ein Foto«, sagt er, weil er unbedingt wissen wolle, wie der Bräutigam aussieht. Ich sage: »Ich mache im Leben kein Foto.«

»Doch«, sagt mein Bruder. Der Bräutigam ruft vom Zug aus an und sagt: »Wir haben einen Triebwerkschaden.«

Viel später steht der Bräutigam am Bahnhof. Er steht

am Bahnhof und hat keine Tasche dabei. Er läuft mir entgegen, hebt mich hoch, dreht mich durch die Luft und stellt mich wieder hin. »Du hast keine Tasche«, sage ich. Er sagt: »Ich kann nur einen Tag bleiben«, und dann gehen wir essen. Im arabischen Imbiß in meiner Stadt hat die Küche eigentlich schon zu, der Kellner lächelt den Bräutigam an und sagt: »Aber gut, weil Sie es sind«, dabei hat der Kellner keine Ahnung, wer der Bräutigam ist. Wir bestellen Mulukhiya mit Huhn für den Bräutigam und Basbousa mit Zukkerguß für mich. Der Bräutigam sitzt mit dem Gesicht zur Tür und sieht, wer kommt und geht. Ich versuche, mit ihm über die Liebe im besonderen zu reden. »Warum ist sie weg«, frage ich. »Sie ist eben weg«, sagt der Bräutigam. Ich verstehe ihn nicht, und er greift nach meinen Händen.

Der Bräutigam geht durch meine Wohnung, blättert in Büchern und stellt sie wieder hin. Er liest keine Romane mehr, er hat mir erklärt, warum er keine Romane mehr liest und statt dessen nur Bücher über Systemtheorie, und ich kann ihm nicht erklären, warum ich Romane lese, ich habe dem Bräutigam noch nie etwas erklärt. »Zeig mal Fotos«, sagt er. Ich zeige ihm Fotos von meinem Bruder, wir trinken Pernod, der Bräutigam ißt Käse, ich esse Luftschokolade, und wir reden über Liebe im allgemeinen. Der Bräutigam sitzt neben mir und zieht meinen Kopf an sein Gesicht, »deine Haare riechen gut«, sagt er. Ich schiebe ihn weg und sage: »Ich gehe jetzt schlafen«, und: »Ich nehme den Schlafsack.« Der Bräutigam sagt, er könne auch den Schlafsack nehmen. »Den nehme lieber ich«, sage ich.

Ich gehe ins Schlafzimmer und wickele mich in den Schlafsack. Der Bräutigam setzt sich neben mich aufs Bett und streicht mit dem Handrücken über meine Wange. Er sagt nichts mehr, und ich sage auch nichts mehr. Der Bräutigam legt sich neben mich und sagt: »Komm mal her.« Er umarmt mich, und ich versuche, meine Arme aus dem Schlafsack herauszuziehen. »Du zitterst ja«, sagt der Bräutigam, als ich die Arme aus dem Schlafsack heraushabe, »es gibt keinen Grund, zu zittern«, und ich sage: »Nein.«

Weil ich den Bräutigam nicht fotografiert habe, zeige ich meinem Bruder die Fotos, die ich mit dem Bräutigam zusammen angesehen habe. »Das bin ja aber ich«, sagt mein Bruder. »Ja«, sage ich, »das habe ich mit ihm zusammen angesehen.« Er fragt, ob er den Bräutigam irgendwann einmal sehen könne, und ich sage, das würde noch dauern.

»Ich will ihn heiraten«, sage ich. »Ich weiß«, sagt mein Bruder, und wir überlegen, was das bedeute. »Umwege«, sagt mein Bruder. »Vermutlich«, sage ich.

Als mein Bruder gegangen ist, schreibe ich einen eindeutigen Brief an den Bräutigam. Ich schreibe vierzehn Seiten über Liebe im besonderen, ich schreibe sie zweimal vor und dreimal ab, und dann fange ich an zu warten, ich beobachte Briefecken durch das Plexiglasfenster, ich kontrolliere das Innere des Briefkastens und seine Umgebung. Ich frage die Nachbarin, ob ein Versehen passiert und ein Brief an mich in ihren Briefkasten geraten ist, und habe nichts anderes zu tun.

Der Brief des Bräutigams kommt, als ich nicht damit rechne. In dem Brief ist eine Tafel Luftschokolade und eine Seite. Ich lese den Brief und lese ihn noch mal.

»Ist grad Post gekommen«, sage ich meinem Bruder am Telefon. »Und«, fragt mein Bruder. »Er hat geschrieben, es sei besser, wenn wir uns nicht wiedersehen, in nächster Zeit«, sage ich. »Nein«, sagt mein Bruder. »Doch«, sage ich.

»Das hat er eindeutig so geschrieben«, fragt mein Bruder. »Ja«, sage ich, und dann sagen wir nichts mehr. Wir schweigen, ich reibe mir die Augen, und unter den Lidern sind blaue Kreise, die ineinanderfließen, wie Blasen in einer Lavalampe. »Was bedeutet das«, fragt mein Bruder schließlich, und ich sage: »Nichts.«

Aus der Apotheke

Elsa hat ein fehlendes Bein und einen Schiebekalender aus der Apotheke Stade. Woher das fehlende Bein kommt, hat sie mir nicht erzählt und auch sonst niemand, nicht mal Herr Stade, der sagt, er habe es vergessen. »In meinem Alter ist das mit dem Kopf nicht mehr so«, sagt er.

Der Schiebekalender hat ein Fenster, das man jeden Tag um eine Zahl weiterschiebt, es gibt keine Wochentage und kein Jahr, nur Zahlen untereinander von eins bis einunddreißig. Ich habe das Fenster immer weitergeschoben, als Kind und auf Elsas Anordnung: »Schieb das Fenster auf heute.«

Der Schiebekalender war ein Werbegeschenk der Apotheke Stade. Mit Herrn Stade saßen wir jeden Sommer auf Gartenstühlen unter der Kastanie, Herr Stade, Elsa und ich als Kind. Herr Stade und ich hatten Elsa aus dem Rollstuhl heraus- und in einen Gartenstuhl hineinmanövriert, und Herr Stade deklamierte Balladen über Laubbäume, wenn ihm eine Kastanie auf den Kopf gefallen war oder leider daneben. Ich als Kind mochte es, wenn Herrn Stade eine Kastanie auf den Kopf fiel, und Elsa mochte Balladen aller

Art, besonders solche, in denen jemand schmerzlich vermißt wurde. Herr Stade kannte alle Balladen aus dem Kopf. Er lernte sie während des Nachtdienstes in der Apotheke, sagte sie nachmittags unter der Kastanie auf, und wenn in der Ballade jemand schmerzlich vermißt wurde, lehnte Elsa sich zurück und zog die Augenbrauen hoch. Herr Stade deklamierte so lang, bis Elsa sagte: »Um sechs Uhr geht die Säufersonne auf«, und wir Elsa in den Rollstuhl hineinmanövrierten und in ihr Haus schoben. Herr Stade trug Elsa ins Wohnzimmer, und ich klappte den Rollstuhl zusammen. Im Haus blieb der Rollstuhl zusammengeklappt, weil auf kürzeren Strecken Herr Stade Elsa hin- und hertrug, von der Küche ins Wohnzimmer und ins Schlafzimmer. Elsa trank viel, Herr Stade trank viel und lutschte hinterher Elsas Veilchenpastillen wegen der Nachtdienstkunden. Ich trank nur ein Schnapsglas voll, weil ich ein Kind war und im Grundschulalter.

In den letzten Wochen, als noch niemand sicher war, daß es die letzten Wochen sein würden, schon gar nicht Herr Stade, der behauptete, wenn hier einer sterbe, dann er, in den letzten Wochen schoben wir Elsa mehrmals in ihr Café, und ich fing an mit dem fehlenden Bein. Ich habe sie als Kind nach dem fehlenden Bein gefragt und seither immer wieder, und Herr Stade erklärte ungefragt, er sage gar nichts dazu. »Was macht die Liebe«, fragte Elsa, um von dem fehlenden Bein abzulenken, und ich sagte: »Jetzt sage ich dann eben auch nichts.« Herr Stade erklärte ungefragt, er werde weder zum fehlenden Bein noch zur Liebe etwas sagen, und dann sagte er tatsächlich nichts, sondern rollte einen Serviettenring hin und her. Elsa sagte viel zur Liebe, und wenn sie damit anfing, hörte Herr Stade auf mit dem Serviettenringrollen und sah zur Seite, wie Herr Stade häufig zur Seite sieht.

In den letzten Tagen, seit alle sicher wissen, daß es die letzten Tage sind, nur Herr Stade das dementiert mit der Begründung, er sterbe in jedem Fall zuerst, bringe ich Elsa immer noch Nußlikör, weil sie erklärt, Nußlikör wirke besser als jede Bluttransfusion und die Ärzte erklären, ehrlich gesagt, das schade jetzt auch nicht mehr.

Ich trinke keinen Nußlikör, nicht mal ein Glas, denn jetzt bin ich kein Kind mehr im Grundschulalter, sondern muß noch fahren. Ich kontrolliere wieder den Kalender, ich schiebe das Fenster jeden Tag auf heute. Herr Stade kontrolliert den Tropf, trinkt Nußlikör und lutscht keine Veilchenpastillen mehr, denn den Nachtdienst hat er aufgegeben. Elsa will nicht im Bett bleiben, und Herr Stade trägt sie im Haus herum, von einem Zimmer ins andere, was nicht schwer ist, denn Elsa hat Gewicht verloren, und ich schiebe den Tropf hinter Elsa und Herrn Stade her. Herr Stade fängt wieder an mit den Balladen und läßt aber die aus, in denen jemand schmerzlich vermißt wird. Er sagt, er habe sie vergessen wegen des Kopfes, mit dem es nicht mehr so sei, und guckt zur Seite.

Als Herr Stade immer noch zu wissen glaubt, wenn hier überhaupt jemand sterbe, dann er, sagt Elsa zu Herrn

Stade: »Wenn es soweit ist, müssen Sie Trompete spielen, wie jedes Jahr zum Geburtstag.« Herr Stade guckt zur Seite und sagt nichts. Obwohl Elsa ihm reichlich Nußlikör nachschenkt, sagt Herr Stade nichts, und obwohl sie ihm sagt, er spiele ganz ausgezeichnet Trompete.

Als es dann soweit ist, als ich das Kalenderfenster nicht mehr weiterschiebe, will ich eigentlich nicht mehr hinein in ihr Zimmer, vor allem wegen des Kalenders, den ich nicht mehr weiterschiebe, und auch Herr Stade will eigentlich nicht mehr hinein, vor allem, weil er immer noch lebt. Dann geht Herr Stade doch hinein und zündet eine Kerze an, auf dem Nachttisch in ihrem Zimmer. Als Herr Stade wieder herauskommt, sagt er, ich solle auch hinein und mich verabschieden gehen, denn hinterher täte es mir womöglich leid, wenn ich mich nicht verabschiedet hätte. Ich sage, ich könne das nicht, man könne sich auch ohne Angucken verabschieden, und er gucke ja auch nicht immer alles ausführlich an. Herr Stade sagt: »Abschiednehmen geht nur mit Angucken.«

Als Herr Stade vorschlägt, er könne ja mit hineingehen, und als ich dann alleine gehe, erlischt die Kerze durch den Luftzug der Tür, und es ist dämmrig. Elsa trägt einen Pyjama wie sonst nie, sie trägt immer Nachthemden wegen des fehlenden Beins und sagt, man müsse auch nachts auf das Äußere achten, denn wer wisse schon, wer da womöglich vorbeikomme in der Nacht, man wisse ja nie, zum Glück. Die Haare sind zurückgekämmt und liegen eng um den Kopf wie sonst nie, sie hat die Haare immer gelockt und nach vorne frisiert, wegen der abstehenden Ohren, die sie eigentlich gar nicht hat, zwei filzige Strähnen stehen vor wie sonst nie, die Strähnen liegen auf den Wangenknochen wie Apothekerkoteletten.

Als ich versuche, die Kerze wieder anzuzünden und es nicht funktioniert, weil meine Hände naß sind und sich Fäden zwischen meinen Fingern spannen, fange ich an zu lachen, in ihre Bettdecke lache ich hinein, bis die Decke ganz naß ist. Bis Herr Stade kommt, »Na, aber, Kind«, sagt und mich zur Tür hinausschiebt.

Herr Stade gibt mir den Kalender mit dem Schiebefenster. Ich trage ihn mit mir herum und schiebe das Fenster hin und her, von eins auf einunddreißig und wieder auf eins, das Fenster, das jetzt niemand mehr weiterschiebt, ein Werbegeschenk der Apotheke Stade. Ich schiebe an dem Kalender herum und trage ihn hin und her, bis mein Vater kommt und der Bestattungsunternehmer mit einem Ringbuch voller Särge.

Mein Vater sagt, er wolle nichts zu schaffen haben mit einem Ringbuch, denn Elsa ist seine Mutter, da kann er nichts aussuchen und muß an die Luft. Herr Stade und ich sitzen mit dem Bestattungsunternehmer in Elsas Wohnzimmer und blättern in dem Ringbuch voller Särge in Klarsichtfolie, aber eigentlich warten wir auf Elsa und Nußlikör. Wir blättern, und der Bestattungsunternehmer erklärt uns die Eigenschaften der Särge. Ich zeige auf einen Sarg, der hell ist und von dem der Bestattungsunternehmer sagt, er dunkle erst in fünf Jahren nach. Der Bestattungsunternehmer hat ein geschwollenes weißes Gesicht und sieht aus, als sei er irgendwo eingelegt gewesen. Ich überlege, ob er womöglich helfen wird, den Sarg mit Elsa darin zu tragen. Ich will Herrn Stade ins Ohr flüstern, daß ich nicht zulassen werde, daß dieser Bestattungsunternehmer einer der letzten sein soll, der Elsa irgendwo hinträgt.

Der Bestattungsunternehmer fragt, ob sein Mitarbeiter die Waschung vornehmen solle. Herr Stade und ich gucken uns an. »Das machen wir dann schon«, sagt Herr Stade und guckt den Bestattungsunternehmer an. Ich gucke Herrn Stade an. Als der Bestattungsunternehmer gegangen ist, gucke ich Herrn Stade immer noch an. Herr Stade guckt mich auch wieder an und nicht zur Seite. Mein Vater bleibt ziemlich lange an der Luft.

Herr Stade und ich gucken uns an, bis Herr Stade sagt: »Ich hol dann mal was zum Waschen.« Während er das Waschzeug holt, hole ich aus dem Schrank den Likör, den Elsa nicht ausgetrunken hat, und trinke mehrere Gläser leer. Herr Stade kommt wieder mit einem Eimer, einem Taschentuch, zwei Schwämmen und einer Flasche Kölnisch Wasser. Er gießt das Kölnisch Wasser auf das Taschentuch und sagt, ich solle es mir unter die Nase halten.

Vier Tage später sitzen Herr Stade, die Familie und ich in der Kirche, auf dem Sarg liegen Kränze, *In Liebe*, *Ewig unvergessen*, *Auf Wiedersehen*, und der Pastor erzählt, daß Elsa ein bewegtes Leben und einen Glauben an Gott gehabt habe.

Elsa hat schon lange an Gott geglaubt, angeblich, seit ihr Bein weg war. Wenn an Weihnachten Elsa zu Besuch kam, als ich ein Kind war im Kindergartenalter, sangen wir nicht nur vom Tannenbaum, sondern auch, daß die Nacht still ist und ein Ros entsprungen. Um an Gott zu glauben, dachte ich als Kind, brauchte man also ein fehlendes Bein, und dann habe ich lieber nicht an Gott geglaubt, wenn das so ist.

Meine Mutter und ich tragen Elsas schwarze Pelze. Mein Vater trägt den guten schwarzen Anzug, der mit der Zeit immer größer wird, Herr Stade trägt einen guten schwarzen Anzug, der tadellos ist, und gemeinsam mit dem Bestattungsunternehmer tragen sie den Sarg. Ich habe nicht versucht, etwas gegen den Bestattungsunternehmer auszurichten, und gedacht, solange Herr Stade mitträgt, ist es vielleicht nicht so unangenehm, wenn der Bestattungsunternehmer einer der letzten ist, der Elsa irgendwo hinträgt.

Als der Pastor am offenen Grab anfängt von Erde, Asche und Staub, schlägt mein Vater die Hände vors Gesicht. Meine Mutter und ich klappern mit den Zähnen, ich klappere besonders laut mit den Zähnen, Herr Stade ist plötzlich weg, und mein Vater sieht aus, als habe er nicht gewußt, daß jemals Erde, Asche und Staub etwas mit Elsa zu tun haben könnten. Ich stehe genau neben meinem Vater, als der Pastor sagt: »Staub zu Staub«, und Elsa heruntergelassen wird. Mein Vater nimmt die Hände von seinem Gesicht und küßt mich, bis mein Gesicht ganz naß ist, dann umarmt er mich und drückt meine Nase in sein Schlüsselbein. Als er mich losläßt, ist sein Anzug naß am Schlüsselbein, ist Elsas Pelz naß am Kragen, an den Schultern und an den Ärmeln, ich habe Elsas Ärmel vollgeweint und mein Vater den Kragen und die Schultern, zusammen haben wir mein Gesicht vollgeweint, Fäden ziehen sich von meinem Kinn, ich bin gänzlich vollgeweint in Elsas Pelz. Elsa ist in die Erde hineinmanövriert worden. Der Pastor geht, der Bestattungsunternehmer und sein Mitarbeiter gehen, zwei Männer bleiben da und warten darauf, daß wir auch gehen, um Elsa zuzuschütten und die Kränze auf das Grab zu legen. Die Familie und ich stehen um das Grab herum, ich verschränke die vollgeweinten Arme, warte auf Herrn Stade und eigentlich auch auf Elsa und Nußlikör. Als keiner mehr mit ihm rechnet, ist Herr Stade plötzlich wieder da, er hat mit der Trompete hinter einem Baum gestanden. Er fängt an zu spielen, wie jedes Jahr zum Geburtstag, und wir gucken zu ihm hinüber, denn Herr Stade spielt laut.

Max lacht

Ich habe mal versucht, wegzugehen, einfach so und als ich gerade angefangen hatte. Ich habe alles Wichtige in einen Karton gepackt, mein Zimmer abgeschlossen und den Schlüssel auf den Türrahmen gelegt.

Auf der Treppe traf ich meine Vermieterin, sie zupfte Flusen aus dem orangeroten Läufer. Als sie mich sah, richtete sie sich auf. »Mit Ihrer Vorgängerin, das war ja nichts«, sagte sie. »Mit Ihnen sind wir sehr zufrieden. Sie sind so unkompliziert, man hört sie kaum.«

Die Vermieterin sagt das fast jedesmal, wenn sie mich sieht, und diesmal sagte sie noch so einiges von Mann und Kind und Läufer und machte sich breit auf der Treppe. Ich bin dann wieder zurückgegangen in mein Zimmer, weil man nicht immer nur was anfangen kann, sondern auch mal was zu Ende machen muß und richtig.

»Besser in einer großen Buchhandlung«, hatten meine Eltern gesagt, nachdem ich Abitur und danach ein Jahr lang alles mögliche angefangen und unrichtig gemacht hatte, und dann ging es sehr schnell. »Sehr geehrte Damen und

Herren«, schrieb ich in ausladender Schrift, weil ausladende Schrift hinweist auf ein ausladendes Selbstbewußtsein, »Sehr geehrte Damen und Herren, hiermit bewerbe ich mich.« Vierundzwanzigmal ein Brief, ein Zeugnis, ein tabellarischer Lebenslauf, vierundzwanzigmal mein erschrockenes Paßbildgesicht.

Die Buchhandlung ist ein Glashaus mit einer Drehtür, die viel zu schnell läuft. Im Untergeschoß gibt es eine Cafeteria mit zehn runden Marmortischen und einer Bar mit Glasvitrine, in der die aktuellen Angebote ausgestellt sind, Torten, gefüllte Croissants und Crêpes.

Der Geschäftsführer der Buchhandlung saß an einem der Marmortische, und als er mich sah, sprang er auf und streckte mir eine kleine Hand entgegen. Der Geschäftsführer ist kurz und eckig, als zwänge man ihn jede Nacht in einen Schuber. Er fragte mich, ob ich ein offenes Wesen hätte und nach meiner Konfektionsgröße. »Ja«, sagte ich, »sechsunddreißig.«

»Wunderbar«, lachte der Geschäftsführer und drückte mir eine Leinentasche gegen die Brust, »auf gute Zusammenarbeit.«

Im Bus guckte ich in die Tasche. Darin waren ein vergoldeter Kugelschreiber, ein Notizbuch, ein Lesezeichen, auf dem in goldener Schreibschrift *Lies mich* stand, ein verschweißtes, himmelblaues Autorenlexikon und ein Ansteckschildchen mit der Aufschrift: *Ich bin neu und tue mein Bestes*.

Max treffe ich zum ersten Mal am Dienstag. Dienstags kommt Herr Kirschbaum, um sein Mathematikbuch zu kaufen. Das erste Mal brachte er seine Enkelin mit, er zog sie an der Hand hinter sich her und ging mit riesigen Schritten auf die Theke zu, über der ein Schild mit einem breiten »i« hängt. Herr Kirschbaum wußte keinen Verfassernamen, keinen Titel, keinen Verlag und keine Bestellnummer. »Mein Mathematikbuch ist rot«, sagte Herr Kirschbaum und mehr nicht. »Er spinnt«, sagte seine Enkelin, »geben Sie ihm irgendeins.«

Seitdem verkaufe ich Herrn Kirschbaum rote Bücher, jeden Dienstag. Die *Mundorgel*, vegetarische Kochbücher, Kriminalgeschichten, fünfmal schon *Doktor Schiwago* im Taschenbuch. Wenn es hektisch ist, nehme ich eins von den Universitätstaschenbüchern. Wenn es nicht hektisch ist, stelle ich manchmal Experimente an mit violetten oder altrosafarbenen Büchern. Während ich Neulieferungen auf den Tisch stapele und Bestellnummern notiere, erzählt Herr Kirschbaum von seinem Mathematiklehrer, der meint, das Wesen der Wirklichkeit sei die Zahl.

Meistens kommen die Leute mit einer Bestellnummer. Ich schreibe die Nummer auf einen rosa Zettel, den der Praktikant zur Bestellabteilung bringen soll. »Kommen Sie in einer Woche wieder«, sage ich.

Der Praktikant liebt die Praktikantin in der Remittendenabteilung. Manchmal erzählt er von ihr, wenn wir Bücher einsortieren und er die Kisten hinter mir her schleppt, von Regal zu Regal. Die Remittendenabteilung liegt zwischen dem Geschäftsraum und der Bestellaufnahme. Der Praktikant faltet im Fahrstuhl die rosa Zettel so, daß sie aussehen wie Seidenrosen, und schenkt sie der Praktikantin. Die Praktikantin schenkt ihm ein Lächeln dafür und bestenfalls eine Mittagspause. Der Praktikant lächelt ebenfalls und glänzt dabei, deswegen habe ich nichts erzählt.

Nach einer Woche kommen die Leute wieder und sind aufgebracht. »Bei der da hinten habe ich bestellt«, sagen sie, »und sie hat versprochen, heut ist es da.« Der Geschäftsführer lächelt die aufgebrachten Kunden an und stellt einen Geschenkgutschein aus.

Hinterher muß ich zu ihm, ich werde durch die Sprechanlage gerufen. Ich zupfe an meinem engen, dunkelblauen Kostüm, das ich jeden Tag trage, und fahre in den fünften Stock. Ich klopfe an einer der vielen weißen Türen im roten Flur, die ganze Etage sieht aus wie ein Oberkiefer. Der Geschäftsführer reißt die Tür auf und schiebt und drückt mich in einen weißledernen Drehsessel. »So geht das nicht, mein Fräulein, wirklich«, sagt er, »ein bißchen mehr Engagement.«

An dem Dienstag, als Max kommt, verkaufe ich Herrn Kirschbaum ein Buch von Handke, *Als das Wünschen noch geholfen hat*, radieschenrot, orangefarbener Titel. Max steht lange vor dem Regal mit den Reclamheftchen, das aussieht wie ein Flachsfeld. Er ist groß. Wenn er sich aufrichtet, ist seine Nasenspitze bei Boccaccio. Ich brauche das Treppchen schon für die *Göttliche Komödie*.

Die Kunden tummeln sich vor der Theke, mit Nummern, ausgerissenen Zeitungsanzeigen und aufgeschnappten Namen. Der Praktikant lächelt. Ich schaue auf Max vor dem Reclamregal, und jemand wedelt mir mit einem Zettel vor dem Gesicht herum. Max kommt an die Theke, kratzt sich an der Nase und steht im Weg. Der Zettel vor meinem Gesicht wird heftiger gewedelt, ich nehme ihn weg und laufe damit in die Lebenshilfeecke, ganz weit hinten.

Als ich wiederkomme, ist die Aushilfe da, sie riecht nach Instantkaffee und Mentholzigaretten. Die Aushilfe kommt immer nachmittags. Max steht immer noch da. Ich streiche mir die Strähnen aus dem Gesicht. »Was ist denn mit dem hier«, fragt er und hält mir ein Buch mit japanischen Gedichten hin, »kennst du das?«

Normalerweise sage ich immer ja. Ich höre den Titel und sage ja, ein außergewöhnliches, ein nachdenkliches, ein vergnügliches, ein spannendes, ein unerhörtes, ein ergreifendes Buch. Wenn überhaupt jemand fragt. »Nein«, sage ich.

Die Kunden haben sich auf die Aushilfe gestürzt. »Hier«, sagt Max zu mir, »kannst du's einpacken?«

Es ist eins von den Büchern, auf die der Praktikant *Mängelexemplar!* gestempelt hat. Ich reiße einen Bogen Papier von der Rolle. Ich bin nicht gut im Einwickeln. Max sagt, er möchte eine Quittung, wenn möglich, und es dauert, bis ich den Quittungsbogen gefunden habe. Max steckt die Quittung ein, legt einen Schein auf den Tresen, und ich halte ihm das Päckchen hin. »Das ist für dich«, sagt er und legt das Päckchen zurück auf den Tresen, »auf Wiedersehen«, und dreht sich um. Max' Augen sind blau.

An dem Haus, in dem ich wohne, laufe ich jedesmal vorbei. Rundherum ist alles gleich, Vorgärten, Tulpen und Geranien, und Häuser, die aussehen, als hätten sie keinen Keller. In einem dieser Untergeschosse, die man nicht für möglich hält, wohne ich, zur Untermiete und möbliert.

In meinem Zimmer riecht es nach Rauch und nassem Laub. Es gibt einen Tisch, einen Stuhl, eine Kommode, ein Bett. Über dem Tisch ist ein schmales Fenster mit orangenen, wollenen Gardinen. Jeden Morgen um halb acht geht die Vermieterin an meinem Fenster vorbei, ich sitze am Tisch und sehe ihre Waden. Manchmal bückt sie sich und klopft an die Scheibe, um von Mann oder Kind zu erzählen oder um zu sagen, daß es mit meiner Vorgängerin ja nichts gewesen sei und unkompliziert mit mir.

Um halb zwölf nachts klingelt das Telefon. Mein Telefon klingelt selten und schrill. Ich fahre hoch und rutsche aus dem Bett. Das Bett ist schief, weil ihm zwei Füße fehlen, ich habe all meine Leseexemplare daruntergestapelt, aber es sind nicht genug.

Ich knipse die Lampe an, nehme ab und sage nichts. Am anderen Ende der Leitung sind Bahnhofsgeräusche wie auf den Lernkassetten, die wir in der Fremdsprachenabteilung verkaufen, *Refresh your English*, *How to buy a train ticket*, hallende Ansagen und Züge.

»Ist da wer«, fragt Max, »ich hör nichts, es ist so laut hier.«

»Woher hast du meine Nummer«, frage ich. Max klingt erleichtert. »Dein Name steht auf meiner Quittung«, sagt er.

»Danke für das Buch«, sage ich. »Ja«, sagt er, »ich heiße Max.«

In meinem Zimmer ist es schwül, meine Fußsohlen kleben auf dem Linoleum. Ich gucke auf die kleinen schwarzen Löcher in der Sprechmuschel, der Hörer sieht aus wie ein Duschkopf.

Ein Zug hält direkt vor dem Telefon. »Entschuldigung«, sagt Max, »ich stehe hier am Bahnhof. Das Geld fällt sehr schnell durch.«

»Ach so«, sage ich. Eine hallende Ansage ruft nach irgendwem, der sich unverzüglich irgendwo einfinden solle, weil er da erwartet werde von irgendwem anders.

»Gleich ist zu Ende«, sagt Max, »gute Nacht ... hast du, ich meine, wenn du, nächste Woche, wenn ...«

»Gute Nacht«, sage ich, und: »Vielleicht.« Denn »vielleicht« ist, was man wohl sagen soll, »vielleicht«, sagt die Praktikantin in der Remittendenabteilung und schlägt die Augen nieder, »vielleicht«, sagt die Aushilfe und guckt auf ihre Fingernägel. »Vielleicht«, sage ich und drücke den Hörer auf die Gabel.

Abends ist der Festplatz umzäunt wie eine Manege. Hinter dem Gitter stehen Wohnwagen im Kreis herum, in der Mitte ist ein Kettenkarussell. Max klettert. Ich ärgere mich, daß wir gerade hierher gekommen sind, »ans Wasser«, hatte ich gesagt und gedacht, da muß man erst mal nicht soviel reden.

Max klettert, und ich habe Angst vor allem, was abschüssig ist. Vor Bergpfaden, Leitern, Rutschen, Klippen und Treppen. Am meisten vor dem Klettern über Zäune, weil man sich da an etwas klammern müßte, das viel höher ist und dünner als man selbst, und es wäre unmöglich, stehenzubleiben, sich hinzusetzen oder es sich anders zu überlegen, man könnte nicht zurück, hinten wäre genausoviel Nichts wie vorne, man müßte klammern, bis die Eisenstange glitschig würde unter den Händen, und schließlich müßte man springen, die Lider zusammengepreßt, und dann bliebe man vielleicht mit einem Ring im Zaungeflecht hängen und der Finger würde abgerissen, oder vielleicht bekäme man die Beine nicht hoch genug, prallte gegen den Zaun und stürzte ab, und dann wäre das Gesicht zerschlagen, die Brust zerquetscht und der Hals gebrochen.

»Ich komm da nicht drüber«, sage ich zu Max hinter dem Zaun und deute auf mein enges Kostüm. Max klettert wieder zu mir herüber, »ich wollte mit dir aufs Kettenkarussell«, sagt er. Ich sage: »Das läuft doch gar nicht.« Er sagt: »Wär trotzdem schön gewesen«, dann setzen wir uns hin und lehnen uns an den Zaun. Wir gucken auf den Fluß, der braun ist, Max raucht nicht, ich rauche, und da ist es erst mal still, und zwar lange.

Es ist außerdem kalt, und meine Knie, die unter dem Kostümrock hervorgucken, sind blaurot marmoriert. Max legt mir seine Jacke über, sie riecht nach Holz und Pfefferminz. Ich stecke die Hände in zwei löchrige Innentaschen.

Max ist fast Schreiner. Er arbeitet an seinem Gesellenstück. Eine Wiege aus Vogelaugenahorn mit Einlegearbeiten aus Jakarandaholz und Palisander. »Jakarandaholz«, sage ich.

Max sagt: »Letzte Woche habe ich alles verleimt. Die Wiege ist schön, aber ich habe mich vermessen. Die Schaukelbretter sind zu kurz.« Er lacht und lehnt sich zurück. »Die Wiege wiegt nicht«, sagt er, »wenn man sie anstößt, fällt sie um.«

»Warum hast du niemanden gefragt«, sage ich. In Ausbildungsbetrieben soll man immer alle fragen, aber wenn man dann fragen will, will gerade in dem Moment keiner von allen gefragt werden, und meistens hat man sowieso schon vor der Frage alles falsch gemacht und ruiniert.

»Ich habe nachts an der Wiege gesessen«, sagt Max, »da war keiner mehr da. Tagsüber ist keine Zeit. Wir müssen ständig Türen einsetzen. Türen und Einbauschränke. Wir sind spezialisiert auf Türen und Einbauschränke«, erklärt Max. »Und jetzt wird das nichts mit der Gesellenprüfung«, sagt er, »weil die Wiege immer umfällt.« Er lächelt. »Und du«, fragt Max.

Ich erzähle vom Praktikanten, von der schlotternden Unterlippe des Geschäftsführers und von Engagement. Ich erzähle sehr viel, und Max' Augen sind sehr blau. Ich erzähle von Herrn Kirschbaum und daß ich ihm heute *Ulysses* verkauft habe. Ein Experiment, denn es ist lila.

Wir stehen in Max' Wohnzimmer, er zeigt auf vier Türen und zählt die Namen seiner Mitbewohner auf. »Kannst hier schlafen«, hat Max gesagt, und jetzt sagt er, daß er mir ein Bett baut im Wohnzimmer, weil es mir bestimmt unangenehm und eng wäre, mit ihm in seinem Zimmer. »Gut«, sage ich.

Max holt Kissen und Decken und baut ein Bett. Als das Bett fertig ist, sage ich, daß ich doch lieber bei ihm in seinem Zimmer, unangenehm und eng hin oder her, schlafen würde, damit morgen früh nicht lauter fremde Mitbewohner aus ihren Türen kommen und vielleicht über mich fallen, und was dann. Max lacht, baut das Bett wieder ab und trägt Kissen und Decken in sein Zimmer. Dann geht er ins Bad.

Max' Zimmer ist klein, ein viel zu großer Schreibtisch steht darin. In der Schreibtischplatte ist ein Schlüsselloch. Neben dem Schreibtisch steht ein Bücherregal voller Bücher über Holzverarbeitung, Buddhismus und Zen. An einer Regalwand hängt ein Zeitungsfoto, darauf lächelt ein Mönch mit Kassenbrille. Es riecht gut in Max' Zimmer.

Max kommt wieder, ich lege mich in sein Bett unter die Decke. Max klettert über mich drüber in sein Bett und macht das Licht aus.

»Ich bleibe nicht hier«, sagt Max nach einer Weile, »jetzt, wo das nichts wird mit der Gesellenprüfung.«

»Wohin willst du denn«, frage ich. »Mal sehen«, sagt Max. Er stützt sich auf die Ellenbogen und guckt mich an.

Ich huste. Max fragt, warum ich nicht aufhöre mit dem Rauchen, einfach so, er habe auch einfach so aufgehört. »Ich kann gar nichts einfach so«, sage ich. Max lacht und legt sich auf den Rücken.

Wir liegen beide da auf dem Rücken, gucken auf eine chinesische Ballonlampe, und es ist still. Dann hat Max Durst, klettert über mich drüber, geht in die Küche, kommt wieder und klettert über mich drüber in sein Bett. Dann muß ich aufs Klo, und Max erklärt, wo das ist. Ich gehe ins Bad und komme zurück und stoße die Stehlampe um auf Max' Füße, ich sage: »Tut mir leid.« Max sagt: »Macht nichts«, und ich stelle die Lampe wieder auf und lege mich wieder hin. Max fragt, ob ich das Klo gefunden hätte. Ich sage, daß ich das Klo ohne weiteres gefunden hätte. Dann muß Max aufs Klo, klettert über mich drüber, geht ins Bad und kommt wieder und klettert über mich drüber in sein Bett. Dann habe ich Durst, und bis Max mir erklärt hat, wie ich die Küche finde, kommt er lieber mit, und dann sitzen wir da, und Max erzählt vom Zen im Alltag.

Ich frühstücke in der Buchhandlungscafeteria, zum ersten Mal. Ich bestelle Erdbeershake und drei Ananascroissants und Latte Macciato. Der Barkeeper guckt. Ich esse und rauche und schiebe mit einem Bierdeckel die Asche auf der Tischplatte hin und her. Ich blättere in dem goldenen Faltblatt *Wo finde ich was* und krümele Bierdeckelstückchen in das Saftglas. Der Barkeeper guckt. Ich klopfe mit dem Plastikpapagei aus dem Milchshake auf der Tischplatte herum und paniere ein Stück Ananas im Aschenbecher.

Am Nachmittag gibt mir der Geschäftsführer lächelnd ein neues Schildchen, auf dem steht: *Es bedient Sie freundlich Fräulein.* Darunter ist ein Strich, auf den ich meinen Namen schreiben soll. »So ein Schildchen kriegt nicht jeder, und schon gar nicht in der Probezeit«, sagt der Geschäftsführer und gibt mir seinen Kugelschreiber, »nehmen Sie es als Ansporn.« Ich schreibe meinen Namen auf den Strich, in großer Schrift. Der Geschäftsführer steckt seinen Kugelschreiber wieder ein und mir das Schildchen an die Brust. Als er gegangen ist, erzähle ich der Aushilfe zwischen wedelnden Kunden von Jakarandaholz und daß es eigentlich gar kein Selbst gibt, obwohl die Aushilfe und ich uns noch nie irgendwas erzählt haben. Ich erzähle ihr von Haikus und die Geschichte vom einverstandenen Buddhisten. Der einverstandene Buddhist hängt an einer Klippe, über der Klippe steht ein Tiger und will ihn fressen, und unter der Klippe ist ein Meer voller Haie, die ihn auch fressen wollen. Der Buddhist baumelt da und entdeckt vor sich an einem Strauch eine Erdbeere. Er ißt sie und denkt: »Wie köstlich.« Dann stürzt der Buddhist ab und ist einverstanden damit.

Ich frage die Aushilfe, ob auf Klippen Erdbeeren wachsen können, besonders auf Klippen, wo drüber Tiger sind und drunter Haie, die einen fressen wollen. Herr Kirschbaum kommt, ich verkaufe ihm *Vom Winde verweht*. Herr Kirschbaum verbeugt sich und sagt: »Wunderbar.«

Abends laufe ich nicht am Haus vorbei, denn die Vermieterin steht im Vorgarten. Sie sagt guten Abend und daß der gutaussehende Verwandte bereits auf mich warte. Sie habe ihn reingelassen in mein Zimmer, weil er so schwer beladen war und dann die blauen Augen.

Ich denke an mein Zimmer, unten, verqualmt und dunkel, ein Aschenbecher voller Kippen und Mandarinenschalen auf dem Tisch, die Mülltüte, die an der Türklinke hängt und runterfällt, wenn man die Tür unvorsichtig öffnet, und alles liegt auf dem Boden, Suppentüten, Kaffeefilter, Konservendosen, Haare aus der Bürste. Ich habe noch nie jemanden zu mir eingeladen. Ich weiß nicht mal, wie meine Klingel sich anhört.

Ich laufe die Treppe hinunter und öffne vorsichtig die Tür.

Die Mülltüte ist runtergefallen. Vor dem Bett liegen meine Leseexemplare. Daneben sitzt Max. Er hat Füße unter mein Bett geschraubt, geschwungene Füße aus hellem Holz.

Ich setze mich zu Max auf den Boden und fahre mit der Hand über das Holz. »Buche«, sagt Max. Dann küßt er mich in den Nacken, und ich drehe mich um. Max' Lippen sind rauh und werden dann immer weicher, ich ziehe meine Kostümjacke aus und dann die Bluse, »wart mal«, sagt Max, »nicht so schnell«, sagt Max, ich nehme sein Gesicht in die Hände, wir fallen vornüber, und mein Rock reißt ein, als Max seine Hand darunterschiebt, »macht nichts«, sagt Max, und wir liegen zwischen Leseexemplaren, Haaren aus der Bürste, Kaffeefiltern, »langsam«, sagt Max, »nicht so schnell«, sagt Max und lacht, seine Augen sind blau mit viel Schwarz darin, und am nächsten Morgen nimmt mir der Geschäftsführer das neue Ansteckschildchen wieder ab, weil da ein Riß ist im Kostümrock, und jetzt weiß keiner mehr, wie ich heiße, nur, daß ich neu bin und mein Bestes tue.

Max bleibt noch drei Wochen. Er steht im Weg in der Buchhandlung, fragt nach Liebesromanen, die ich nicht gelesen habe, und ob ich sie einwickeln könne. Wenn ich

Herrn Kirschbaum ein rotes Buch verkaufe oder ein violettes oder orangefarbenes Experiment, steht Max dabei und sieht zu. Der Geschäftsführer sagt, mein neuer Kunde sei ja wohl ein engagierter Leser und steckt mir das Schildchen wieder an, das man eigentlich nicht in der Probezeit kriegt, auf dem steht, wie ich heiße und daß ich freundlich bediene. Max lacht mit der Aushilfe, die Aushilfe schlägt die Augen nieder und verspricht, *Das tibetische Buch vom Leben und vom Sterben* vielleicht zu lesen.

Dann geht Max, an einem Dienstag, weil die Wiege immer umfällt und das nichts wird mit der Gesellenprüfung. Ich habe den Vormittag frei. Wir tragen die Zen-Bücher in sein Auto. Max sagt: »Es gibt überall so komische Buchhandlungen«, und ich könne ja mitkommen, einfach so.

Dann geht Max. Max geht, und ich bleibe da, weil man auch mal was zu Ende machen muß und richtig.

Am Nachmittag kommt Herr Kirschbaum, geht an die Theke mit dem breiten »i« und sieht mich dort nicht. Ich sitze bei der Belletristik im Taschenbuch. Der Praktikant und ich sortieren Neulieferungen ein, der Praktikant schleppt die Kisten hinter mir her, er erzählt von der Praktikantin und daß er sie liebt für immer.

Ich räume einen Stapel *Anna Karenina* ins Regal. Herr Kirschbaum guckt sich um, sieht mich immer noch nicht und will wieder gehen. »Herr Kirschbaum«, rufe ich und winke. Er kommt zur Belletristik im Taschenbuch und hockt sich neben mich. »Ein Glück«, sagt er, »ich dachte schon, das wird heute nichts mehr.«

Ich halte ihm den *Anna Karenina* hin, altrosa, ein Experiment. Ich will ihm sagen: Herr Kirschbaum, wissen Sie, das ist eigentlich gar kein Mathematikbuch, das ist *Anna Karenina*, was weiß ich, was da drinsteht, aber bestimmt keine Mathematik. »Herr Kirschbaum«, sage ich.

Herr Kirschbaum nimmt das Buch, richtet sich auf, lacht und hält mir von oben eine große dünne Hand hin. »Sie sind sehr freundlich«, sagt er. »Ja«, sage ich.

Liebesperlen

Meine Mutter raucht viel, besonders am Morgen davor. Am Morgen davor nimmt sie nichts zu sich außer Zigaretten. Sie steht am Kippfenster in der Küche und bläst den Rauch durch den Schlitz auf die Straße. Auf der Fensterbank steht eine Tasse lauwarmes Wasser, daneben liegt eine silberne Cappuccinotüte, sie hat beides vergessen.

»Warum fliegst du nicht mit«, frage ich. Ich frage das jedesmal. Jedesmal sagt meine Mutter: »Wegen der Katze.« Sie hustet. Mein Vater kommt in die Küche, mit vielen großen Tüten aus Glanzpapier, und hustet auch. Er stellt die Tüten auf den Küchentisch. »Warum fliegst du schon wieder«, frage ich und setze mich auf die Fensterbank. »Das weißt du doch«, sagt mein Vater, und ich sage: »Wegen der Wüstenluft.«

Meine Mutter schnippt die Zigarette aus dem Fensterschlitz. Mein Vater zieht neue Hemden und Badehosen aus den Glanzpapiertüten, knipst die Preisschilder ab und legt sie in die Reisetasche. Wir fahren ihn nicht zum Flughafen. Er küßt uns auf den Mund, sagt »Na denn« und daß er jetzt gehen müsse. Dann geht er. Meine Mutter zündet sich eine neue Zigarette an und bläst den Rauch in den Raum. Wenn mein Vater weg ist, rauchen wir im ganzen Haus. Wenn mein Vater da ist, stellen wir uns zum Rauchen an das Kippfenster in der Küche, abwechselnd.

»Was ist diesmal dran«, frage ich meine Mutter. »Der Keller«, sagt sie.

Ich rauche auch viel. Ich habe es in Agadir gelernt. Zu meinem vierzehnten Geburtstag schenkte mir mein Vater eine Reise nach Marokko, weil der Arzt gesagt hatte, Wüstenluft sei gut; ich hatte mit einer Stereoanlage gerechnet. Wir wohnten in einem Hotel am Meer. Es gab viele streunende Katzen in der Hotelanlage, die vom Personal verjagt wurden, weil sie häßlich aussahen: Entweder hatten sie nur ein Auge oder nur ein Ohr oder nur drei Beine. Die Katzen wurden verjagt, immer wieder; es sei denn, sie hatten Katzenkinder. Dann durften sie bleiben, denn Katzenkinder sind niedlich. Es gab streunende Katzen und für meinen Vater viele Tennisplätze, deswegen kamen wir aus der Hotelanlage nie heraus. Er spielte den ganzen Tag. »Mit wem spielst du«, fragten wir, und er sagte: »Ich spiele mit wechselnden Partnern.« Meine Mutter saß auf der Hotelterrasse und bereitete seine Vorlesung für das Wintersemester vor, eine Vorlesung über Psychosomatose. Ich lag am Pool und hörte Walkman. Manchmal setzte der Hotelanimateur sich zu mir auf das Handtuch und hörte auf einem Stöpsel mit.

Ich verliebte mich in den Animateur, weil ich achtmal *Dirty Dancing* gesehen hatte. Der Animateur hatte ein braunes Gesicht und sehr weiße Zähne. Er trug einen hellblauen Trainingsanzug aus Wolle, auch wenn es heiß war, immer denselben. Eines Tages küßte mich der Animateur, als meine Mutter nicht hinsah. Während er mich küßte, dachte ich an die Postkarten, die ich meinen Freundinnen schreiben würde, die zu Hause bleiben und ins Kino gehen mußten. Dann brachte der Animateur mir das Rauchen bei. Es war ganz leicht.

Beim Abendessen sagte ich: »Ich habe mich verliebt.« Mein Vater sagte: »O Gott«, und schüttelte den Kopf, so, wie er den Kopf schüttelt, wenn jemand anruft und fragt, ob er Patient werden könne wegen der und der Geschichte, und meinem Vater die Geschichte nicht zusagt. Ich nahm eine Zigarette aus der Schachtel meiner Mutter und zündete sie an. Mein Vater nahm sie mir aus dem Mund und drückte sie im Aschenbecher aus. »Mein Kind macht sich kaputt«, sagte er, »und ich muß dabei zusehen.« Meine Mutter nahm die Zigarette aus dem Aschenbecher und bog sie wieder gerade. Wir aßen Oliven, weil es so heiß war und der Arzt gesagt hatte, wenn man schwitzt, müsse man Salz essen. Ich erzählte von dem Animateur und seinen schwarzen Augen, und mein Vater fing an zu schielen. Mein Vater fängt immer an zu schielen, wenn es ihm langweilig wird. Er schielt oft, wenn er länger mit uns zusammen ist, besonders schlimm ist es zu Ostern oder am Heiligen Abend, dann schielt mein Vater dauerhaft, und ich frage mich, was der Arzt wohl dazu sagen würde. Meine Mutter zündete sich die geradegebogene Zigarette an und schlug ihm vor, tanzen zu gehen, »nur du und ich«, sagte sie.

Der Schlangenbeschwörer kam, und ich zog die Schultern hoch. Der Schlangenbeschwörer kam jeden zweiten Abend, er wechselte sich mit der Bauchtänzerin ab, und legte jemandem die Schlange um den Hals, er legte immer mir die Schlange um den Hals. »Weil du hier die Kleinste bist«, sagte mein Vater, »dich kann sie am besten vertilgen.« Ich lächelte und schwitzte, die Gäste an den Nebentischen lachten und klatschten, und der Schlangenbeschwörer strahlte. »Schön«, sagte mein Vater zu meiner Mutter und stand auf, »ich mache aber vorher noch ein Spiel. Wir treffen uns im Appartement.« Mein Vater ging, und ich lief zur Hotelküche, um mich mit dem Animateur zu treffen.

Der Küchenchef wollte mich nicht in die Hotelküche lassen. Der Animateur sagte einiges auf arabisch, dann lachte der Küchenchef, schlug ihm auf die Schulter und ließ mich hinein. Wir setzten uns vor den offenen Kühlschrank, es war immer noch heiß, und tranken Pfefferminztee mit viel Zucker. Wir hörten Walkman, rauchten und stocherten im Zucker herum, der sich auf den Böden der Teetassen abgesetzt hatte. Schließlich sagte der Animateur: »Dein Vater spielt viel Tennis.«

»Ja«, sagte ich. Der Animateur legte mir den Arm um die Schulter. »Deine Mutter nicht«, sagte er. »Nö«, sagte ich.

Der Animateur wohnte in einem Bungalow hinter dem Hotel. Wir gingen hintereinander her, seine Badeschlappen klatschten bei jedem Schritt auf das Pflaster. »Mein Vater hat Asthma«, sagte ich, »deswegen sind wir überhaupt hier, weil der Arzt gesagt hat, Wüstenluft ist gut.« Der Animateur drehte sich nicht um. »Zuviel geraucht«, sagte er. »Nein«, sagte ich.

Mein Vater raucht nicht. Mein Vater sagt, er sei kein Suchtcharakter; ganz im Gegensatz, sagt er, zu meiner Mutter. Meine Mutter sagt: »Die Zigarette ist mein einziger Freund.« Meinem Vater gefällt dieser Satz. Er hat ihn verwendet in seiner Vorlesung über reaktive Depression.

Der Bungalow bestand aus einem Zimmer, darin waren ein Schrank, ein Spiegel und ein Bett. Der Animateur und ich setzten uns auf den Bettrand und betrachteten seine Füße, sein rechter Zehennagel war gelb und geriffelt. »Hast du eine Zigarette«, fragte der Animateur nach einer Weile. »Leider nicht«, sagte ich. Der Animateur stand auf, lächelte, faßte mich an den Unterschenkeln und legte meine Beine aufs Bett, so, wie man die Beine von jemandem aufs Bett legt, der eine Querschnittslähmung hat. Dann legte er sich auf mich, faßte mich mit einer Hand am Ohr und fing an, mit den Hüften zu kreisen. Ich guckte auf die Styroporplatten an der Decke und dachte an die Postkarten, die ich meinen Freundinnen schreiben würde, die zu Hause waren und ins Kino gingen. Dem Animateur fiel erst der eine, dann der andere Badeschlappen von den Füßen; dann hörte er auf, mit den Hüften zu kreisen und setzte sich auf den Bettrand. Sein Trainingsanzugoberteil war ihm aus der Hose gerutscht. Ich strich mein Kleid glatt und sagte, ich müsse jetzt gehen. Mein Ohr tat weh.

»Dein Ohr ist ganz rot«, sagte meine Mutter und lächelte. Meine Mutter lächelt immer, wenn sie weint und plötzlich jemand neben ihr steht. »Was ist denn«, fragte ich, »wieso seid ihr nicht tanzen.« Meine Mutter hatte sich die Lippen angemalt. »Er ist immer noch nicht da«, sagte sie, und: »Wo um Himmels willen bist du gewesen.« Sie aschte in einen Zahnputzbecher.

Am nächsten Morgen war mein Vater wieder da und meine Mutter verschwunden. Wir frühstückten zu zweit. Aus dem Lautsprecher im Frühstücksraum kam marokkanische Musik, immer das gleiche Lied, und es hörte sich an, als hätte der Sänger viel zu beklagen. »Wo bist du gewesen«, fragte mein Vater, »deine Mutter hat sich Sorgen gemacht und noch mehr geraucht als sonst. Sie geht noch zugrunde daran.«

»Wo bist du gewesen«, fragte ich zurück. Mein Vater sagte, ich müsse nicht alles wissen, und ich sagte, ich wüßte nicht nur nicht alles, sondern überhaupt nichts, und mein Vater sagte, um so besser. Wo ich gewesen sei. »Ich war mit dem Animateur weg«, sagte ich. Er werde dafür sorgen, daß ich diesen Animateur nicht wiedersehe, ein ganz windiger Kerl sei das, sagte mein Vater. »Mein Kind macht sich kaputt«, sagte er, »und ich muß dabei zusehen.«

Wir fanden meine Mutter unter einer Pinie bei den Bungalows. Sie hockte im Gras. Ich setzte mich neben sie, mein Vater blieb stehen. Unter der Pinie lag eine getigerte Katze mit fünf Katzenkindern. Vier hingen an ihren Zitzen und drückten die Pfoten in den Bauch der Mutter. Das fünfte versuchte auch, zu trinken, aber die anderen ließen es nicht heran. Das fünfte Katzenkind war mager und viel kleiner als seine Geschwister. Es atmete schnell. »Das kommt nicht durch«, sagte mein Vater von oben. Meine Mutter nahm das Katzenkind auf die Hand. »Wir brauchen eine kleine Flasche«, sagte sie. »O Gott«, sagte mein Vater und schüttelte den Kopf, wie er den Kopf schüttelt, wenn jemand Patient werden will und meinem Vater die Geschichte nicht zusagt. »Eine Flasche mit einem ganz kleinen Schnuller«, sagte meine Mutter. Mir fielen die Liebesperlenfläschchen ein, die meine Freundinnen und ich früher am Kiosk gekauft haben, Fläschchen mit sehr kleinem Schnuller. Winzige bunte Kugeln sind darin, die Liebesperlen heißen und nach überhaupt nichts schmecken. »Das hat doch keinen Sinn«, sagte mein Vater. Meine Mutter lächelte ihn an, und daran sah er, daß sie geweint hatte. »Geh und frag deinen Animateur«, sagte er zu mir.

Der Animateur war im Dienst. Aus einem Lautsprecher am Swimmingpool kam Musik von Roger Whittaker, *Tanz heut nacht mit mir*, und der Animateur tanzte mit einer Dame, die einen fliederfarbenen Bikini trug und eine fliederfarbene Badehaube. Ich tippte dem Animateur auf die Schulter. Er küßte der Frau die Hand und drehte sich zu mir um. »Ich brauche so eine Art Liebesperlenfläschchen«, sagte ich, »weißt du, wo ich eins kriegen kann?« Der Animateur hatte keine Ahnung, was ein Liebesperlenfläschchen war. Der Animateur sprach besser Englisch als Deutsch. »A small bottle with love pearls in it«, sagte ich. »Love pearls«, lachte der Animateur und schlug mir auf den Hintern. Die Dame im fliederfarbenen Bikini kicherte.

Mein Vater und ich fuhren ins Stadtzentrum, meine Mutter blieb beim Katzenkind. Wir gingen über einen Markt voller Gewürzberge, wir gingen in Läden, in denen kopfüber Hammel hingen, ganze Hammel ohne Haut und mit chlorwasserblauen Augen. Wir gingen in Läden, in denen es türkischen Honig gab, Wasserflaschen aus Leder, Silberschmuck, Reiswaffeln und Oliven. Wir fragten nach Liebesperlen, ich sagte »love pearls«, mein Vater sagte »perles d'amour«. Die Händler sagten, wir kämen ja aus Deutschland, Deutschland sei schön und sie hätten gute Freunde in Dortmund oder Wiesbaden.

»Versuchen Sie es mit einer Spritze«, sagte der Hotelportier zu meiner Mutter. Der Portier redete auf arabisch mit dem Küchenchef, und der Küchenchef kam mit einer Spritze und einer Tüte Milch. Meine Mutter strahlte. Mein Vater ging Tennis spielen. Meine Mutter und ich gingen zur Pinie, das Katzenkind lag zusammengerollt zwischen seinen Geschwistern. Man konnte sein Herz schlagen sehen. Meine Mutter nahm es in die Hand und träufelte Milch aus der Spritze auf seine winzige Schnauze. Das Katzenkind trank. »Das Katzenkind hat getrunken«, erzählte meine Mutter meinem Vater beim Abendessen. »Du verlängerst nur sein Leiden«, sagte mein Vater. Ich zog die Schultern hoch, weil der Schlangenbeschwörer kam.

Wir hatten noch drei Tage. Mein Vater spielte drei Tage lang Tennis mit wechselnden Partnern und hustete nicht mehr, wegen der Wüstenluft. Meine Mutter fütterte drei

Tage lang stündlich das Katzenkind, nachts stellte sie sich den Wecker. Einmal stand ich auf, als ich den Wecker klingeln hörte, und ging ins Zimmer meiner Eltern. Meine Mutter zog sich den Bademantel über, das Bett meines Vaters war leer. Es war Viertel vor drei, wir gingen über den Steinweg zu den Bungalows. Im Bungalow des Animateurs brannte Licht, die Tür war angelehnt, ich hörte ihn lachen. Die vier Katzenkinder tranken und drückten ihre Pfoten in den Bauch der Mutter. Das fünfte tapste ein paar Schritte auf uns zu, dann fiel es hin, und meine Mutter legte es mir in die Hand. Es atmete schnell und fühlte sich heiß an. Es hatte struppiges Fell, seine Augen waren verklebt. Das Katzenkind trank.

Am nächsten Tag kam mein Vater zu spät zum Frühstück, und als er kam, stützte er sich auf die Lehne des Stuhls, auf dem meine Mutter saß, beugte sich zu ihr hinunter, hielt seine Wange gegen ihre und sagte: »Dein Katzenkind ist tot. Es tut mir leid.« Meine Mutter griff ihm in die Haare und begann zu weinen. »Wir müssen es beerdigen«, sagte ich nach einer Weile. Meine Mutter sagte, nein, sie könne nicht, sie könne es nicht sehen, und ob ich es allein beerdigen würde. Mein Vater nahm meine Mutter am Arm und sagte, daß das abzusehen gewesen sei. Meine Mutter nahm ein paar Stoffservietten und drückte sie mir in die Hand: »Pack es gut ein«, sagte sie, und daß ich es unter der Pinie begraben solle. Ich sagte: »Papa, kannst du nicht mitkommen.«

»Das schaffst du schon«, sagte mein Vater und klopfte mir auf die Schulter.

Mit den Servietten in der Hand ging ich den Animateur suchen, ich fand ihn vor der Hotelküche. Er rauchte mit dem Küchenchef. »Willst du eine Zigarette«, fragte er. Der Küchenchef gab mir Feuer. Sie unterhielten sich auf arabisch. Ich betrachtete die Badeschlappen des Animateurs, seine braunen Füße und den gelben, geriffelten Zehennagel. »Wiedersehen«, sagte ich, als ich die Zigarette aufgeraucht hatte. »Ciao«, sagte der Animateur. Ich ging den Steinweg entlang zu den Bungalows und dachte an mein Lieblingslied aus *Dirty Dancing*, das Schlußlied, zu dem plötzlich alle anfangen zu tanzen, auch die Eltern des Mädchens, die eigentlich immer gegen die Verbindung zwischen ihrer Tochter und dem Animateur gewesen waren, aber schließlich erkennen, was für ein wunderbarer Mensch der Animateur ist, obwohl nur ein Animateur, auch die Eltern tanzen schließlich ausgelassen zu meinem Lieblingslied, und alle umarmen sich und weinen und lachen und singen: *Now I had the time of my life.* Ich blieb stehen und versuchte, in die Servietten zu weinen.

Mein Vater hat ein feines Gespür für den richtigen Zeitpunkt. Die Katzenmutter lag unter der Pinie und säugte ihre vier Kinder. Das fünfte stand abseits und atmete schnell. Ich hockte mich hin und legte die Servietten auf den Boden. Das Katzenkind tapste auf mich zu und fiel hin. Ich nahm es in die Hand und guckte in seine verklebten Katzenaugen, meine Handfläche fing an zu kribbeln. Ich setzte das Katzenkind ins Gras. Ich dachte darüber nach, wie es wäre, sich zugrunde zu richten und jemanden dabei zusehen zu lassen. Die Dame mit dem fliederfarbenen Bikini kam vorbei, mit einem fliederfarbenen Handtuch um die Hüften. »Na Kleines«, sagte sie. Ich zeigte auf das Katzenkind und fragte, ob sie sich darum kümmern könne. »Sicher«, sagte die Dame, »was immer du willst«, und ging in Richtung Pool davon.

Meine Mutter packte. Mein Vater saß auf der Terrasse und las sein Vorlesungsmanuskript. Als er mich sah, lächelte er mich an. Ich drückte ihm die Servietten in die Hand.

Wir flogen am Nachmittag. Seither fliegt mein Vater allein. Er fliegt alle drei Monate, manchmal öfter, seit sechs Jahren. »Wir können uns das nicht leisten«, sagt meine Mutter; dann sagt mein Vater: »O Gott«, und schüttelt den Kopf, als wolle jemand Patient werden. Oder er hustet.

Meine Mutter hat ein ausgesprochenes handwerkliches Geschick entwickelt. Wenn mein Vater wegfliegt, fängt meine Mutter an, etwas im und am Haus zu verändern. Als ich vom Tanzstundenabschlußball kam, kachelte sie die Küchenwände. Als ich fürs mündliche Abitur lernte, riß meine Mutter um mich herum den Boden heraus und verlegte Laminat. Als ich mit einer Lungenentzündung im Krankenhaus lag, kam sie mich besuchen mit grünen Flekken im Gesicht und grünen Rändern unter den Fingernägeln. »Das Badezimmer«, sagte sie, »es wird türkis.« Als ich sagte, daß ich verliebt und es diesmal ganz bestimmt der Richtige sei, schlug sie mit der Spitzhacke auf den Rasen ein und legte einen Teich an.

Alle drei Monate kommt mein Vater nach zehn Tagen braun und gesund zurück, mit Papiertüten. Darin sind Geschenke für meine Mutter und mich: Wasserflaschen aus Leder, Silberschmuck oder Reiswaffeln. Wir drehen die Geschenke in den Händen und sagen, wie schön. Wenn er wiederkommt, lädt mein Vater uns zum Essen ein, jedesmal, und fragt, wie geht's. Wir sagen, gut. Mein Vater erzählt von der Wüstenluft und den wechselnden Animateuren. Von den streunenden Katzen erzählt er nicht. Meine Mutter erzählt von den Leuten, die in seiner Abwesenheit angerufen und gefragt haben, ob sie Patienten werden dürfen wegen der und der Geschichte. »O Gott«, sagt mein Vater. Ich sage nichts; ich beobachte, wie nach spätestens anderthalb Stunden die Pupille im linken Auge meines Vaters langsam nach innen wandert.

Mehr nicht

Der Hund ist ertrunken. Wir haben ihn mit einem Netz aus dem See gefischt, ins Haus getragen und mit einem Badetuch abgetrocknet.

Meine Mutter weint, mein Vater schaut auf die weiße Wand, mein Bruder schnitzt ein Kreuz aus Ästen. Wir gehen in den Garten, ich habe den Hund auf den Armen, er ist viel schwerer als sonst. Ich lege den Hund auf ein weißes Laken. Seine Haare haben sich gekräuselt. Wir heben ein Grab aus. Die Spitzhacke ist schwer, wir wechseln uns ab mit der Spitzhacke, und es dauert lange, bis das Grab tief genug ist. Dann falten wir das Laken zusammen.

Jetzt liegt der Hund in der Erde. Ich habe mein Kleid gewaschen, es war verschwitzt und voller Erde und Tang. Im Haus ist es still. Das Kleid tropft auf den Balkon, und es klingt wie das Trippeln von vier Pfoten auf dem Holzfußboden.

Meine Mutter weint, mein Vater schaut auf die weiße Wand, mein Bruder hat die Knie unters Kinn gezogen. Es klingelt. Ich mache die Tür auf, und vor der Tür steht ein Mädchen.

»Guten Tag«, sagt das Mädchen. »Guten Tag«, sage ich. »Ich möchte bitte mit eurem Hund spazierengehen«, sagt das Mädchen. »Unser Hund ist tot«, sage ich. »Oh«, sagt das Mädchen und läuft davon.

Nach einer halben Stunde klingelt es wieder. Meine Mutter weint, mein Vater schaut auf die weiße Wand, und mein Bruder fährt sich mit dem Handrücken über die Nase. Ich öffne die Tür.

»Ich habe keinen Hund«, sagt das Mädchen. »Ich weiß«, sage ich. »Aber ich habe eine Postkarte mit einem Pudel«, sagt das Mädchen, »euer Hund ist doch ein Pudel?«

»Ja«, sage ich, »unser Hund ist ein Pudel.«

»Du kannst sie auf das Grab stellen, dann freut er sich«, sagt das Mädchen. »Gut«, sage ich. Das Mädchen kramt in seinem Sportbeutel. »Hier«, sagt es und hält mir die Postkarte hin.

Auf der Postkarte ist ein Pferd. Das Mädchen lächelt mich an. »Nichts zu danken«, sagt es und läuft davon.

Es ist eine Profilaufnahme, ein schwarzer Pferdekopf. Ich gehe in den Garten und lehne die Postkarte an das Kreuz. Die Erde ist locker. Ich könnte ihn wieder ausgraben und hineintragen.

Wir zupfen die schwarzen Haare aus der Decke und verwahren sie in einer Kaffeedose. Wir waschen den Napf aus und stellen ihn dorthin, wo er immer stand. Nach und nach verschenken wir die Hundefutterdosen. Alle wissen jetzt, daß unser Hund tot ist. Die Nachbarin mit dem

Scotchterrier hat es dem Ehepaar mit dem Dobermann erzählt. Der Dobermann hat schon seit Jahren Krebs, und wir haben uns all seine Krankengeschichten angehört. Jetzt senkt das Ehepaar mit dem Dobermann den Kopf, wenn es einem von uns begegnet. Ich wünsche dem Ehepaar und dem Dobermann, daß sie bald sterben. Die Lehrerin mit dem Boxer hat mich angestrahlt, als sie erfuhr, daß unser Hund tot ist, und gesagt: »Wie schrecklich, meine Liebe.« Der Boxer ist fett und blind. Schämen Sie sich, habe ich gedacht, daß Ihr fetter und blinder Boxer noch lebt. Der wäre dran gewesen.

Die Postkarte wird wellig, wegen der Nässe. Ich schlage sie in Frischhaltefolie ein. Die Folie beschlägt. Ich frage mich, wo das Mädchen geblieben ist.

Das Grab sieht dunkler aus und ist kleiner geworden. Wir stellen ein Honigglas darauf mit einem Teelicht, das wir jeden Abend anzünden. Wir hören damit auf, als es anfängt zu schneien. In dem Honigglas bildet sich eine kleine weiße Wüste, wie in Schneekugeln. Mein Bruder baut ein Vordach für die Postkarte. Sein Kreuz steht immer noch, ein bißchen schief, das Holz ist jetzt dunkelbraun.

Es ist kalt. Meine Mutter weint. Mein Vater ist weg, also guckt er nicht mehr auf die weiße Wand. Ich lasse das Ehepaar mit dem Dobermann leben, und den fetten und blinden Boxer auch. Wir gehen wieder im Park spazieren. Nur zum See gehen wir nicht. Zum See gehen wir überhaupt niemals mehr. Als der Dobermann stirbt, klingelt das Ehepaar und fällt meiner Mutter weinend um den Hals.

Als mein Vater den ersten Brief schreibt, liegt mein Bruder vor dem Grab und beguckt durch eine Lupe die grünen Spitzen, die aus der Erde kommen. Ich wasche das Honigglas aus und föne die Postkarte trocken. Es klingelt. Meine Mutter weint, und mein Bruder lächelt mich an.

Vor der Tür steht das Mädchen. Ich sage: »Du bist größer geworden.« Das Mädchen lacht. Es hat nur auf den Zehenspitzen gestanden.

Hilfestellungen

Als es klingelt, bin ich noch nicht fertig. Ich habe das neue Kleid noch nicht an, und der Tisch ist noch nicht beladen. Die Freundinnen kommen am Abend. Und bevor die Freundinnen kommen, muß der Tisch beladen werden. Mein Vater und meine Mutter sind schon so lange weg, daß sie mit vielen Tüten voller Geschenke zurückkommen werden, aber sie haben einen Schlüssel.

Vielleicht kommt Patrick vorbei. Aber wenn Patrick vorbeikommt, habe ich später keinen Zeugen dafür, daß tatsächlich Patrick vorbeigekommen ist. Ich ziehe das Kleid an. Vielleicht kommt Patrick vorbei, vielleicht mit einem Strauß Rosen im Arm, dreizehn rote Rosen, eine für jedes Lebensjahr.

Vor der Tür steht ein Mann im Regen. »Ist denn Ihr Vater da«, fragt er. Ich sage, ich hätte Geburtstag und mein Vater sei unterwegs, um Geschenke zu kaufen. »Herzlichen Glückwunsch«, sagt der Mann. Er sagt das, als hätte er noch nie Geburtstag gehabt.

Weil ich allein bin, Geburtstag habe und der Mann der

erste im Leben ist, der mich siezt, frage ich ihn, ob er Kaffee möchte. »Ja«, sagt der Mann. »Übrigens bin ich Patient.«

Bevor die Patienten kommen, dienstags und donnerstags, geht meine Mutter in die Praxis, um zu überprüfen, ob es riecht. Die Praxis ist im Souterrain, und unter dem Souterrain gibt es einen Weinkeller. Durch den Lüftungsschacht kommen manchmal Mäuse in den Weinkeller, aber nicht mehr hinaus. Wenn es in der Praxis riecht, weiß meine Mutter, daß im Weinkeller eine Maus verwest ist. Sie zieht die rosa Spülhandschuhe an, schlägt den Teppich in der Praxis zurück, steigt in den Weinkeller hinunter und holt mit einem Handfeger und einer Schaufel die verweste Maus aus ihrer Ecke. Dann sprüht sie Parfüm auf die Stelle, an der die Maus verwest ist, klettert nach oben und zieht den Teppich wieder zurecht.

In unserem Haus gibt es viele tote Tiere, ganz unten und ganz oben. Meine Mutter ist verantwortlich für die Mäuse im Weinkeller, mein Vater ist verantwortlich für die Tauben auf dem Dachboden. Die Tauben kommen durch das kaputte Dachbodenfenster herein, aber nicht mehr hinaus. Einmal im Monat zieht mein Vater sich die rosa Spülhandschuhe an und klappt die Dachbodenleiter aus. Meine Mutter und ich halten die Leiter fest, und er klettert mit einem Müllsack auf den Dachboden. Wir stehen unten, oben geht mein Vater mit dem Müllsack herum und sammelt die verwesten Tauben ein. Ich darf nicht mit in den Weinkeller und nicht auf den Dachboden. Ich habe mehrfach gesagt, daß es bestimmt schön wäre, ein lebendiges Tier mitten im Haus zu haben.

Bevor die Patienten kommen, muß ich aus dem Garten verschwinden. Die Praxis hat einen separaten Eingang, und um in die Praxis zu kommen, gehen die Patienten durch den Garten. Ich darf von den Patienten nicht gesehen werden. Sie dürfen nichts vom Leben meines Vaters wissen, daher auch nichts von mir, und ich darf nichts vom Leben der Patienten wissen. Der vergessene Patient vor der Tür ist der erste Patient meines Lebens.

Wenn ein Patient vergessen worden ist, klingelt er privat. Dann bringt meine Mutter ihn in die Praxis, gibt ihm den *Spiegel* und sagt, daß mein Vater gleich bei ihm sei.

Ich gehe mit dem Patienten in die Küche, denn ich weiß nicht, ob es in der Praxis riecht. Ich sage: »Legen Sie doch ab«, obwohl der Patient nichts abzulegen hat außer einer Ledertasche. Ich frage: »Sind Sie Lehrer«, und der Patient sagt: »Referendar.«

Ich bitte den Patienten an den Tisch, der beladen werden soll. Auf dem Tisch steht ein Teller mit einem halben Nutellabrot von mir, eine halbvolle Tasse Tee und ein Teller voller Teebeutel, in die meine Mutter Zigarettenkippen gedrückt hat. Meine Mutter ist gut in Mathematik, sie versucht, es mir beizubringen, und für ihre Versuche braucht sie schwarzen Tee und Zigaretten. Neben dem Teller liegt eine Klopapierrolle, wegen der Volumenberechnung des Kreiszylinders.

»Ich habe leider noch nie Kaffee gekocht«, sage ich, setze Wasser auf und hole Kaffeepulver, Filtertüten und den Handfilter aus dem Küchenschrank. Der Patient gießt das Wasser auf einen Haufen Kaffeepulver, der Kaffee wird sehr schwarz. Der Patient sagt: »Ich habe auch noch nie Kaffee gekocht«, und fragt, ob ich vielleicht Milch hätte. Die Milch in unserem Kühlschrank ist abgelaufen und bildet kleine weiße Flocken in der Tasse. Der Patient setzt sich und rührt. Ich frage ihn, ob er ein Nutellabrot will. Der Patient schüttelt den Kopf. »Was haben Sie denn«, frage ich, weil man das fragt. Der Patient lächelt, sagt nichts und rührt.

Nachts erzählt mein Vater meiner Mutter vom geheimen Leben der Patienten. Meine Eltern stehen in der Küche, mein Vater ißt Joghurt und erzählt meiner Mutter von den Fällen, in die er sich nicht einfühlen kann, weil meine Mutter sich in alle Fälle einfühlt. Mein Vater erzählt, meine Mutter sagt das Wichtigste dazu, mein Vater nickt und schweigt.

Einmal haben meine Eltern nicht bemerkt, daß ich im Türrahmen stand, daher kenne ich die Geschichte eines Patienten, der das provisorische Grabkreuz seiner verstorbenen Mutter in seinem Schlafzimmer stehen hat. Ich glaube nicht, daß mein Patient der mit dem provisorischen Grabkreuz ist. Ich glaube, er hat eine intakte Mutter, er ist erst Referendar.

Weil der Patient nichts sagt und weil ich Geburtstag habe, erzähle ich ihm von dem Hund. Ich will einen Hund zum Geburtstag, seit fünf Jahren, ich tue alles dafür, und dieses Mal will ich ihn besonders stark. Ich habe das ganze Jahr über meiner Mutter gesagt, daß Nicole jetzt auch einen Hund habe. Wenn meine Mutter mich geweckt hat, habe ich es ihr gesagt, auch beim Mittag- und beim Abendessen: »Nicole hat jetzt auch einen Hund.«

Mein Vater ist auch gut in Mathematik, hat aber keine Zeit, es mir beizubringen. Das ganze Jahr über habe ich ihm gesagt, daß ich kein Taschengeld mehr will, keine Anziehsachen und nichts zu essen, daß ich ganz billig sein will für einen Hund und daß ich auch halbnackt und halbverhungert eine Eins plus schreiben könne in Mathematik, wenn ich nur einen Hund hätte. Ich habe das mehrmals täglich gesagt.

Der vergessene Patient rührt in seinem Kaffee und sagt: »Man muß wissen, wann man verloren hat.«

Ich bin froh, daß der Patient etwas gesagt hat. »Haben Sie auch einen starken Wunsch über Jahre hinweg«, frage ich. Der Patient sagt: »Jeder muß seinen Preis zahlen«, und: »Ich glaube, dafür sind Sie zu klein.«

Immer, wenn ich zu klein bin, hat das, wofür ich zu klein bin, etwas mit Spätvorstellungen, Wasserrohrbrüchen oder Liebe zu tun. Da der Patient Patient ist, hat es etwas mit Liebe zu tun, glaube ich, und zwar vermutlich mit Liebe, die aus ist. Ich will dem Patienten klarmachen, daß ich Liebe verstehe und erzähle ihm von Patrick, dem ich Nachhilfe in Geschichte gebe, damit er nicht sitzenbleibt, sondern in meiner Nähe. Der Patient sagt: »Es muß immer einen Ausgleich geben zwischen Geben und Nehmen.« Ich frage mich, warum die Liebe des vergessenen Patienten aus ist, ich denke an den Hund und daß ich alles für ihn getan habe.

Weil der Patient nichts sagt und statt dessen in seinem flockigen Kaffee rührt, mache ich den Kassettenrecorder an. Auf der Kassette ist Rick Astley, weil immer Rick Astley läuft und Rick Astley nur unterbrochen wird, wenn meine Mutter oder mein Vater den Stecker ziehen, wegen Mathematik oder weil man Rick Astley bis in den Garten hinaus hören kann, durch den die Patienten gehen, die nichts vom Leben meines Vaters wissen dürfen und deshalb im Grunde auch nichts von Rick Astley. Ich habe meinem Vater mehrmals täglich gesagt, daß ich auch Rick Astley nicht mehr brauchte, wenn ich nur einen Hund hätte. Der Patient kennt Rick Astley nicht, »aber Musik ist wichtig«, sagt er. Er legt den Löffel auf die Untertasse und sagt jetzt für lange Zeit nichts mehr.

»Ob Ihr Vater wohl bald kommt«, fragt er schließlich. Meine Eltern sind lange weg, und ich sage: »Er ist gleich bei Ihnen.« Der Patient streicht mit Daumen und Zeigefinger über sein Schlüsselbein. Ich habe Geburtstag, und jetzt sage ich auch nichts mehr.

»Und, gehen Sie gern zur Schule«, fragt der Patient, weil er merkt, daß er vielleicht auch mal etwas fragen muß, wenn ich Geburtstag habe. »Können Sie Stufenbarren«, frage ich zurück. »Nein«, sagt der Patient. Ich sage: »Stufenbarren ist der Tod.« Der Patient hört auf, über sein Schlüsselbein zu streichen, und guckt mich an. Ich erzähle ihm, daß ich nicht über den Stufenbarren komme und wir bereits alles versucht hätten.

Es gibt den Stufenbarren seit dem fünften Schuljahr jeden Winter, und seither versuche ich, per Hockwende über den oberen Holm zu kommen. Im ersten Winter sagte der Sportlehrer: »Spring doch, ich stehe ja hier unten« und breitete die Arme aus. Ich stand auf dem unteren Holm des Stufenbarrens, hielt mich am oberen fest und sagte nichts. Der Sportlehrer sagte immer wieder, er stehe ja hier unten, und: »Eins, zwei, drei.« Jedesmal kniff ich bei drei die Augen zusammen und sprang nicht. Schließlich kletterte ich hinunter, der Sportlehrer schüttelte den Kopf, und Patrick, der eine Ehren-, eine Siegerurkunde oder sonst irgendeinen Preis bekam, schüttelte seinen Kopf auch.

Im nächsten Winter gruppierte der Sportlehrer zehn Mitschüler auf der linken, zehn Mitschüler auf der rechten Seite des Stufenbarrens, wenn ich auf dem unteren Holm stand. Er sagte, ich solle springen und sie alle stünden ja hier unten. »Du hast einundzwanzig Hilfestellungen«, sagte der Sportlehrer. Ich kniff bei drei die Augen zusammen und sprang nicht. Der Sportlehrer sagte immer wieder: »Eins, zwei, drei«, und schließlich verschränkten die restlichen zwanzig Hilfestellungen die Arme und fingen an, die Augen zu verdrehen, zu stöhnen oder sich zu unterhalten. Der Sportlehrer winkte ab und ließ mich vom Holm heruntersteigen. Ich setzte mich auf die Bank, auf der man sitzt, wenn man bei Ballspielen noch nicht gewählt ist oder bereits abgetroffen. »Wenigstens kannst du Geschichte«, sagte Patrick.

Seit vier Wochen, erzähle ich dem Patienten, nehme ich Nachhilfe im Barrenturnen. Einmal die Woche treffe ich mich mit der Sportlehrerin aus meiner Grundschule in der Turnhalle. Die ehemalige Sportlehrerin muß eigentlich nicht arbeiten, denn sie ist im achten Monat schwanger, sie tut das nur, weil meine Mutter auch gut in Deutsch ist und dem ersten Kind der Sportlehrerin Nachhilfe in Grammatik gibt.

Die Sportlehrerin und ich holen einmal die Woche den Barren aus dem Geräteraum, und sie schiebt den einen Holm in die Höhe. Ich klettere auf den unteren Holm und halte mich am oberen fest. Unten steht die Sportlehrerin mit ihrem Bauch, sagt: »Spring doch«, und: »Eins, zwei, drei.« Nach fünfundvierzig Minuten klettere ich wieder hinunter und schiebe mit der ehemaligen Sportlehrerin den Barren zurück in den Geräteraum.

Mein Vater, erzähle ich dem Patienten, glaube nicht an den Nutzen der Barrennachhilfe, aber meine Mutter meine, schaden könne es ja nicht, und weder mein Vater noch meine Mutter trauen sich, den Sportlehrer zu fragen, ob er mich vom Barrenturnen befreien könne, »weil es dann bestimmt eine Sechs hagelt«, sagt meine Mutter. Da es bereits in Mathematik eine Fünf gehagelt hat, haben meine Eltern Angst vor der Sechs, die vielleicht hageln würde, wenn ich mich nicht mehr auf den unteren Holm stelle, und nur ich habe Angst vor dem Stufenbarren. »Ich werde nicht springen«, sage ich dem Patienten.

»Auch nicht für einen Hund«, fragt der Patient. »Nein«, sage ich, »auch nicht für einen Hund.«

Unten schließt jemand die Tür auf, und der Patient lächelt. »Da kommt Ihr Vater«, sagt er. Ich denke an das Leben, von dem der Patient nichts wissen soll, und an Liebesfilme, in denen der eine Mann in den Schrank klettert, weil der andere Mann durch die Tür kommt. Die Küchentür geht auf, und im Türrahmen stehen meine Eltern. Meine

Mutter stellt eine Tüte ab, guckt auf den Patienten, auf die Klopapierrolle, die auf dem Küchentisch liegt, und wieder auf den Patienten.

»Guten Tag, Herr Weber«, sagt mein Vater.

»Sie haben unseren Termin vergessen«, sagt der Patient.

»Das tut mir leid«, sagt mein Vater, »ich sehe, Sie haben sich die Zeit auch so vertreiben können«, und streicht sich mit Daumen und Zeigefinger über sein Schlüsselbein, und der Patient fängt auch wieder an, sich über sein Schlüsselbein zu streichen.

Meine Mutter schaut immer noch zwischen dem Patienten und der Klopapierrolle hin und her. Weil keiner etwas sagt, frage ich: »Gibt's jetzt Bescherung.«

»Aber sicher«, sagt meine Mutter, holt eine Backmischung aus der Tüte und zwängt sich zwischen dem Stuhl des Patienten und der Waschmaschine hindurch zum Herd, »Sie entschuldigen schon«, sagt meine Mutter zu dem Patienten.

Mein Vater sagt: »Ich hätte nächste Woche Montag noch was frei.« Der Patient steht auf. Ich sage: »Darf ich Sie zur Tür bringen«, und mein Vater schaut mich an. »Ja«, sagt der Patient und nimmt seine Ledertasche. Ich gehe mit dem Patienten die Treppe hinunter zur Haustür, meine Eltern gucken uns hinterher.

Ich stehe mit dem Patienten an der Haustür und überlege, ob ich ihn nach seiner Mutter fragen soll, die sicherlich intakt ist und kein provisorisches Kreuz hat, das im Wohnzimmer des Patienten steht, und ich überlege, ob ich fragen soll, warum die Liebe des Patienten aus ist. Ich denke an das Leben, von dem niemand etwas wissen soll, weder der Patient noch ich, und sage: »Vielen Dank für Ihren Besuch.«

»Schönes neues Lebensjahr«, sagt der Patient und geht. Ich winke, aber der Patient dreht sich nicht um.

»Wie peinlich«, sagt meine Mutter. Sie hat in einer Hand die Klopapierrolle, in der anderen hat sie eine Tüte mit Schokostreuseln. Mein Vater hat den Fernseher angemacht und guckt Tennis. Ich tippe ihm auf die Schulter.

»Es tut mir leid«, sage ich.

»Machen wir jetzt Bescherung«, fragt mein Vater.

»Ja«, sagt meine Mutter aus der Küche. Mein Vater geht zu ihr, ich gucke Tennis und denke, daß ich für den Hund nicht alles getan habe.

Meine Mutter ruft mich, und ich gehe in die Küche. Meine Mutter und mein Vater singen *Happy Birthday*, sie sind beide gut in Mathematik und Deutsch, aber in Englisch nicht. Auf dem Tisch liegen zwei Päckchen, der Kuchen ist noch im Ofen. In dem ersten Päckchen sind zwei Karten für das Rick-Astley-Konzert, die ich mir gewünscht habe. »Vielleicht kommt ja dein Patrick mit«, sagt meine Mutter. In dem zweiten Päckchen ist eine Kassette von Rick Astley. »Das ist von mir«, sagt mein Vater. Ich versuche, nicht zu weinen, und denke, daß man wissen muß, wann es verloren ist, an den Ausgleich zwischen Geben und Nehmen und daß ich nicht alles für den Hund getan habe. Dann ist der Kuchen fertig, und ich überlege, ob ich sagen soll, daß ich für den Hund auch über den oberen Holm springen würde. »Was hat er denn gesagt«, fragt meine Mutter. »Wer«, frage ich. »Herr Weber«, sagt meine Mutter. »Nicht viel«, sage ich und fange an zu weinen, weil man nicht gut reden kann, wenn man weinen muß, und weil der Patient vielleicht deswegen so wenig geredet hat.

»Jetzt ist genug«, sagt meine Mutter. Mein Vater steht auf, holt einen Zettel aus der Hosentasche und faltet ihn auseinander. Er legt den Zettel vor mich auf den Tisch, meine Mutter guckt meinen Vater an und seufzt. Auf dem Zettel steht: *Gutschein für einen.* Darunter hat mein Vater ein Tier gemalt, das aussieht wie eine Hyäne, aber auch wie eine Giraffe. Mein Vater ist nicht gut im Zeichnen.

Traumcreme

Die Kieferorthopädin hat einen Hund, der auf Kommando niesen kann. Er liegt unter dem Tisch der Sprechstundenhilfe. Wenn ich meine Klammer Tag und Nacht getragen habe, wird zur Belohnung der Hund in den Behandlungsraum geführt, und die Kieferorthopädin läßt ihn fünfmal niesen. Ich mag es nicht, wenn der Hund niest. Ich denke, gleich platzt etwas in seinem Kopf.

Kurz nach meinem zwölften Geburtstag sagt die Kieferorthopädin, daß es nun Zeit sei für die Entfernung der Weisheitszähne und eine neue Klammer. Sie rührt eine gelbe, zementartige Masse an und schmiert sie mir mit einem Spachtel auf die Zähne. »Du wirst mal ein feines Gebiß haben«, sagt die Kieferorthopädin, »dein Bruder allerdings nicht.«

Mein Bruder trägt seine Klammer selten und in letzter Zeit gar nicht mehr, deshalb weiß er nicht, wie es aussieht, wenn ein Hund fünfmal hintereinander auf Kommando niest, und muß sich keine Gedanken um dessen Kopf machen. Ich will der Kieferorthopädin sagen, daß mein Bruder sich in letzter Zeit generell nur ungern etwas in den Mund steckt. Die gelbe, zementartige Masse wird langsam hart.

Mein Vater sagt, der beste sei Doktor Rashari. »Doktor Rashari«, sagt er, »hat schon deiner Mutter den Kiefer aufgeschnitten, und es lief wunderbar.« Auch ihn selbst habe Doktor Rashari behandelt – »Wurzelspitzenresektion«, sagt mein Vater –, und auch das sei wunderbar gelaufen.

Meine Mutter fährt mich ins Krankenhaus. Doktor Rashari begrüßt uns mit Mundschutz, ich setze mich auf den Behandlungsstuhl und sperre den Mund auf. Meine Zähne spiegeln sich in Doktor Rasharis Brillengläsern. Als ich den Mund wieder zumache, klemmt Doktor Rashari Röntgenbilder vor eine Lampe und tippt mit dem Zeigefinger darauf herum. »Stationär«, sagt er schließlich durch den Mundschutz, und: »Alle vier auf einmal.«

Einen Tag später hängt Doktor Rashari meine Hand an einen Narkosetropf. Ich frage mich, ob er unter dem Mundschutz ein unfeines Gebiß hat oder vielleicht gar keins, denn Doktor Rashari spricht immer etwas unverständlich. Dann schlafe ich ein, Doktor Rashari holt alle vier Weisheitszähne auf einmal, und es läuft wunderbar.

Als ich aus der Narkose aufwache, in einem Krankenhauszimmer, rufe ich meine Freundinnen an, um ihnen zu sagen, daß es überhaupt nicht weh tut. Ich rufe zu viele Freundinnen an und sage zu oft, daß es überhaupt nicht weh tut, daher gehen die vier Weisheitszahnwunden wieder auf.

Doktor Rashari schimpft lange. Wenn er Luft holt, bildet sich in seinem Mundschutz ein kleiner Trichter. Er spritzt Schmerzmittel in meinen Kiefer, schiebt mir zwei Tampons zwischen die Zahnreihen und bindet die Fädchen hinter meinen Ohren fest. »Schlaf gut«, sagt er, und daß ich nicht soviel hätte reden sollen.

»Kannst du nicht aufpassen«, sagt meine Mutter, als sie mich am nächsten Tag besuchen kommt. Ich habe die Tampons im Mund. »Du mußt so schnell wie möglich hier raus«, sagt sie außerdem, »er hat gesagt, er ißt gar nichts mehr, bis du wiederkommst.« Sie sagt das etwas leiser.

An seinem sechsten Geburtstag hat mein Bruder beschlossen, nur noch grüne Äpfel zu essen. Er fing sofort damit an. Er schälte die grünen Äpfel und aß erst die Äpfel und dann die Schale.

Zwei Wochen nach seinem sechsten Geburtstag fuhren wir nach Hamburg. Meine Mutter hatte nein gesagt und daß wir in seinem komischen Zustand nicht fahren könnten. Mein Vater hatte gesagt: »Aber ja doch«, die Hamburger Verwandten freuten sich bereits und wir führen schlichtweg, komischer Zustand hin oder her.

Mein Bruder wurde in eine Decke gewickelt, weil er immer fror, seit er nur noch grüne Äpfel aß. Mein Vater hörte während der Fahrt John Waite, *Missing you,* und mein Bruder sang mit, obwohl er kein Wort verstand. Der Atem meines Bruders roch nach irgend etwas Süßem. Meine Mutter schälte grüne Äpfel und reichte sie nach hinten, erst die Äpfel, dann die Schale.

In Hamburg blieb mein Bruder bei seinem Entschluß, nur noch grüne Äpfel zu essen. Ich erklärte den Verwandten: »Mein Bruder macht ein Experiment mit sich selber.« Die Verwandten wunderten sich, aber da ich das hübsch gesagt hatte und es freundliche Verwandte waren, lachten sie.

Mein Bruder beschloß außerdem, seine Spucke nicht mehr zu schlucken. Auch damit fing er sofort an. Tagsüber war das relativ leicht, mein Bruder sammelte die Spucke in den Backentaschen und spuckte sie ins Klo, wenn sein Mund voll war. Wegen der vielen Spucke in seinem Mund war mein Bruder schweigsam und ging häufig aufs Klo. Ich erklärte, er habe Durchfall wegen des Experiments mit sich selber. Die Verwandten zogen die Augenbrauen hoch, aber sie hatten Verständnis für anstrengende Experimente.

Nachts war die Spucke ein Problem. Mein Bruder und ich schliefen in einem amerikanischen King-size-Bett. Abends las ich ihm *Die Brüder Löwenherz* vor, meinem Bruder gefielen die Brüder Löwenherz, er hörte zu und lächelte, und wenn er schlucken mußte, spuckte er in ein Frotteehandtuch.

Mein Vater hatte die gute Idee mit den Plastikbechern. Er kaufte eine Stange Plastikbecher und schmuggelte sie in unser Schlafzimmer. Mein Bruder spuckte jede Nacht einen knappen Plastikbecher voll, bis er einschlief, denn im Schlaf muß man ja nicht schlucken. Jeden Morgen stellten wir die knapp vollgespuckten Becher unters Bett.

Wir blieben zehn Tage. Mein Vater sagte am vorletzten Tag: »Vergeßt bloß nicht, die Becher wegzuräumen.« Das war nicht leicht, denn die Verwandten waren viele und immer da. Ich wußte nicht, wie ich die knapp vollgespuckten Becher an den vielen Verwandten vorbei nach draußen in die Mülltonne transportieren sollte. Mein Vater sagte: »Mach es in der Nacht.«

In der letzten Nacht hielt ich mich lange wach mit den Brüdern Löwenherz. Mein Bruder war eingeschlafen, die Verwandten lachten nebenan mit meinem Vater und meiner Mutter, und da das kein Ende nahm, schlief ich ein.

Am nächsten Morgen waren die Verwandten traurig, weil wir wegfuhren, und auch wir mußten traurig sein, darüber vergaß ich die Becher. Die Verwandten schenkten mir zum Abschied weiße und braunweiß gestreifte Schokolade, weil ich die so gern aß. Meinem Bruder schenkten sie einen Sack grüner Äpfel, weil er die so gern aß. Wir fuhren ab und hinterließen acht knapp vollgespuckte Plastikbecher unter dem amerikanischen King-size-Bett. Die Verwandten konnten damit nichts anfangen.

Weil ich meinen Freundinnen zu oft gesagt habe, daß es überhaupt nicht weh tut, entzünden sich nacheinander die Weisheitszahnwunden. Die Kieferorthopädin ist besorgt. Sie ruft mich im Krankenhaus an und fragt, ob es weh tut und ob ich denn überhaupt essen könne. Ich habe Tampons im Mund. Ich will der Kieferorthopädin sagen, daß es jetzt dann doch ganz schön weh tut und ich Astronautennahrung durch einen Strohhalm zu mir nehme. Zum Spaß hält die Kieferorthopädin den Hörer an ihren Hund und läßt ihn fünfmal auf Kommando niesen, und ich denke an seinen Kopf.

Abwechselnd kommen mein Vater und meine Mutter ins Krankenhaus und sagen, ich müsse unbedingt schnell gesund werden und daß er doch gesagt habe, vorher esse er gar nichts mehr. Sie erzählen, daß er nicht mehr zur Schule gehe. Sie erzählen, daß er zweimal täglich beim Hausarzt am Tropf hänge und am Tropf wiederum ein Mobile mit Stofftierchen, gar nicht wie beim Arzt sähe das aus beim Arzt und kindgerecht. Ich habe Tampons und Läppchen im Mund. Ich bleibe dreieinhalb Wochen.

Nach dreieinhalb Wochen bringt mir Doktor Rashari zwanzig Holzstäbchen, solche, mit denen man Patienten in den Hals gucken kann. Mein Mund ist verschwollen, und ich bekomme ihn nicht mehr auf. Doktor Rashari sagt durch seinen Mundschutz und etwas unverständlich, daß ich mit den Stäbchen üben und mir jeden Tag ein Stäbchen mehr zwischen die Schneidezähne schieben solle. Ich glaube, Doktor Rashari sagt, wenn ich zwanzig Stäbchen übereinander in den Mund brächte, sei alles wieder richtig.

Mein Vater holt mich ab. Als ich mich anziehe, findet er, daß ich mager aussehe und wie eine Büroklammer. Er setzt mich ins Auto und schnallt mich an. Er drückt seine Kassette in den Recorder, John Waite singt *Missing you*, und wir singen nicht mit. Mein Vater sagt, mein Bruder freue sich schon und habe für mich gekocht. »Was Sechsjährige eben so kochen können«, sagt er. Er sagt, ich müsse unbedingt davon essen und daß das wichtig sei für meinen Bruder. Ich sage ihm, daß ich nur zwei Stäbchen in den Mund bekomme. »Was?« fragt mein Vater, denn ich habe das etwas unverständlich gesagt. »Versuch es wenigstens«, sagt er.

Mein Bruder ist in eine Decke gewickelt und sitzt auf der Bank hinter dem Eßtisch. Auf dem Eßtisch stehen Plastikschüsseln. Es gibt Traumcreme, einen Nachtisch aus der Tüte, den sonst mein Vater macht, wenn meine Mutter nicht da ist, man muß nur Milch dazutun und fertig, es gibt Ravioli und keine grünen Äpfel.

Ich setze mich neben meinen Bruder auf die Bank und streiche ihm über den Rücken, seine Schulterblätter stehen vor wie kleine Höcker. Er riecht nach irgend etwas Süßem und lächelt mich an.

»Da bist du ja wieder«, sagt er. Er hat zwei tiefe Falten in den Mundwinkeln, und seine Schneidezähne sind fast durchsichtig. Ich denke an die Kieferorthopädin, an ein feines Gebiß und einen Hundekopf, in dem irgend etwas platzt.

Ich nehme den knapp vollgespuckten Becher, der zwischen uns auf der Bank steht, und stelle ihn auf den Tisch. Mein Vater und meine Mutter stehen im Türrahmen, sehen mich an und machen Gesten wie Autofahrer, die wollen, daß jemand schneller über die Straße geht.

»Iß doch was«, sagt mein Bruder, »du siehst so dünn aus.«

»Das geht nicht«, sage ich, »ich kriege nur zwei Stäbchen rein.«

Ich sage das etwas unverständlich. »Was?« fragt mein Bruder.

»Zwei Stäbchen«, sage ich, »und wenn zwanzig übereinander reinpassen, dann ist es wieder richtig.«

»Kannst du denn was vorlesen«, fragt mein Bruder.

»Geht auch nicht«, sage ich.

»Was?« fragt mein Bruder. Meine Mutter in der Tür schüttelt den Kopf, und mein Vater legt einen Arm um sie.

Ich tauche den Zeigefinger in die Traumcreme und schmiere sie mir auf die Schneidezähne. So geht es. Ich mache das mehrmals hintereinander. Ich erzähle meinem Bruder etwas unverständlich von Doktor Rasharis Mundschutz und daß Doktor Rashari entweder ein unfeines oder gar kein Gebiß habe oder sein Mund unter dem Mundschutz verquollen sei, vielleicht, weil er sich seine vier Weisheitszähne alle auf einmal geholt habe. Die Traumcreme hat Erdbeeraroma. Mein Bruder nimmt mir das Paket mit Doktor Rasharis Holzstäbchen aus der Hand, steckt eins in den Mund und kaut darauf herum. Mein Bruder sagt, er hätte auch gern so einen Mundschutz wie Doktor Rashari und ob ich einen besorgen könne. »Klar«, sage ich und lehne mich zurück, wie jemand mit guten Verbindungen.

Mein Bruder tunkt eins der Stäbchen in die Traumcreme, steckt es in den Mund und kaut darauf herum. Er macht das mehrmals hintereinander. So geht es.